오롯이 만날
다섯 번째 계절

오롯이 만날 다섯 번째 계절

떠난 시간을 불러오는 짧고 긴 글들

초 판 1쇄 2025년 11월 03일

지은이 김명숙
펴낸이 류종렬

펴낸곳 미다스북스
본부장 임종익
편집장 이다경, 김가영
디자인 임인영, 윤가희
책임진행 김은진, 이예나, 김요섭, 안채원, 국소리

등록 2001년 3월 21일 제2001-000040호
주소 서울시 마포구 양화로 133 서교타워 711호
전화 02) 322-7802~3
팩스 02) 6007-1845
블로그 http://blog.naver.com/midasbooks
전자주소 midasbooks@hanmail.net
페이스북 https://www.facebook.com/midasbooks425
인스타그램 https://www.instagram.com/midasbooks

ISBN 979-11-7355-564-0 03810

값 **17,000원**

미다스북스는 다음세대에게 필요한 지혜와 교양을 생각합니다.

오롯이 만날 다섯 번째 계절

떠난 시간을 불러오는 짧고 긴 글들

김명숙 지음

"스쳐간 계절 속에서,
우리는 늘 다시 만나고 있었다."

미다스북스

제5화

그리고 다시, 봄

에필로그

계절의 문을 열며

혹시, 당신의 기억 속 계절은 어떤 빛깔을 하고 있나요?

오롯이 만날 다섯 번째 계절은 떠난 시간과 사계절을 거듭한 끝에 비로소 다시 봄에 도착하는 다섯 번째 계절을 데려온 이야기이다. 추억은 사라진 듯 보이지만, 책과 함께하는 순간 오늘을 흔들며 우리의 마음 한편에서 다시 살아난다.

이 책은 계절이 열어 준 문을 따라 걷는 여정이다.

그 길 위에서 우리는 잊고 있던 얼굴을 그려보고, 오래된 목소리를 듣고, 마음 한구석에 있는 그리움과 눈물을 마주한다. 하지만 그 눈물은 아프기보다 따뜻하고, 그리움은 고통이 아니라 위안이 된다.

바람이 데려온 기억과 함께 계절의 강물은 매번 다시 돌아온다. 그리고 그 계절의 문을 열 때마다 우리는 시간은 사라진 것이 아니라, 우리를 다시 불러내어 함께 걷고 있다. 이제 봄비처럼 스며드는 이야기 속으로 걸어 들어간다. 그 길 끝에서 우리는 결국 삶이 선물한 가장 소중한 이름들을 다시 만나게 될 것이다.

제 1 화

봄비처럼 스며든다

땅속 깊은 곳
새싹을 깨우듯
당신의 마음도 다시 피어납니다.
소리 없이 스며드는 봄비,
아무 말 없이 감싸는 햇살,
그 속삭임—
"괜찮아, 다시 일어날 수 있어."

봄길 길게 걸으면

　봄은 희망의 서곡으로 새롭게 찾아와 자연이 쓰는 일기장에 또 한 장의 빛나는 페이지를 더하였다. 우리 집에서 앞산을 보면 연두와 초록으로 물들어, 봄의 수채화처럼 고운 풍경이 되곤 했다. 엄마는 종종걸음으로 정신없이 돌아다니며 구슬땀을 흘리실 때가 많았다.

　"엄마가 가야 하는데 급한 일이 있단다. 아버지께 작은 주전자에 담긴 새참 좀 가져다드려야 해, 갈 수 있겠지?"

　엄마는 내 양손에 국수와 막걸리가 든 노란빛 양은 주전자 두 개를 들려 주시며, 꼭 잡고 조심조심 가라고 여러 번 당부를 잊지 않으셨다.

　어머니께서 큰 대문까지 따라오셨다.

　"초등학생이 되었으니 심부름 잘할 수 있지?" 하고 당부하시는 엄마의 목소리를 들으며 집을 나섰다.

　나 혼자서 개울 따라 길을 걸어가다 보니 저 멀리 보일 듯 말 듯 아버지의 모습이 보였다. 지금 생각하면, 보고 싶고 또 보고 싶은 아버지에 대한 그리움일까? 그때 상황이 그림처럼 너무도 선명하게 다가와 와락 눈물이 날 것 같다.

지금도 그때가 왜 이토록 또렷이 선명할까? 떠났던 모든 시간이 나를 다시 찾는 기분이다. 아버지에 대한 그리움, 추억은 평생 나의 마음 안에서 잔잔히 울리는 노래처럼 남아, 때로는 먹먹함이 눈물이 되고 때로는 힘이 되어 준다.

엄마 말씀대로 한동안 부지런히 갔다. 그러나 가다 보니 개미도 보고, 돌도 발로 차고, 놀 것도 많이 있었다. 논두렁 저 끝에서 일하기에 여념이 없는 아버지가 보인다. 큰길에서 좁다란 길로, 물을 발라 반들거리는 논두렁을 따라 가야 했다. 한 발 한 발 미끄덩한 논두렁 길을 조심스레 걸었다. 논바닥 속 물방개와 개구리밥, 우렁이, 소금쟁이, 그리고 논두렁 주변 올챙이도 있고 온갖 볼 것들이 많아 구경하는 재미가 있었다. 논두렁 끝에는 아버지가 보였지만 아직은 멀게만 느껴졌다.

물을 발라 미끌미끌한 논두렁을 조심조심 걷다가 그만 삐끗 미끄덩— 쭉 미끄러지면서 작은 주전자 뚜껑도 발라당 열리고 국수 가락이 몇 가닥 논두렁과 논에 쏟아졌다.

나는 조심조심 국수 가락만 잘 집어서 논물에 휘휘 저어 씻었다. 아무 일도 없었던 것처럼 주전자 속에 국수 가락 몇 개를 쏙 넣었다. 다시 걷는데, 국수 주전자는 가벼웠다. 내 생각에는 조금 쏟았을 뿐인데, 가벼운 느낌이 드니 아마도 국수 가락이 논으로 많이 흘러 들어갔나 보다.

아버지께서 막걸리를 벌컥벌컥 들이키셨고, 국수도 후루룩 다 드셨다. 국수 쏟은 이야기를 하려다가 너무 맛있게 드시는 아버지의 모습을 보고 그만 말할 기회를 놓쳤다.

"목도 마르고 배가 고팠는데 잘 먹었다."

"심부름도 잘하고 이제 다 컸네."

아버지께서는 알고도 모르는 척 국수를 맛나게 드셨던 것 같다.

우리 아버지께서는 내가 성장하는 과정에서 안 된다고 하신 적이 거의 없는 것 같다. 필요한 것, 요구하는 것, 모든 것을 다 해주셨고 아낌없이 챙겨 주셨다. 큰딸로서 더 다정하게, 더 세심하게 챙겨드리지 못한 게 아쉽다. 자식으로서 효도한 것은 생각이 나지 않고 미처 표현하지 못한 사랑이 이제야 가슴을 친다.

아버지께 그때 못한 말이 너무나 많아서 지금도 마음 한쪽은 아버지에 대한 죄송함이 크게 깊이 자리하고 있다.

그날 이후 나는 혼자서 심부름을 간 기억은 없었다.

그 당시 새벽부터 해 질 무렵까지 아버지께서는 논일을 엄마께서는 늘 밭일을 많이 하셨다. 엄마는 바쁜 중에도 이른 아침밥을 차리고 형제들 도시락을 챙겨 학교에 보냈다. 아버지께서 해 뜨면 더워서 일을 못한다며 새벽같이 일어나 어두컴컴한 때 나가셨던 것은 가장으로서의 무게를 오롯이 혼자 감당하시기 위함이었다.

엄마께서도 쉼 없이 집안일, 밭일을 하셨고, 어쩌다가 내가 같이 밭에

가면 나는 밭에 도착 후 얼마 되지 않아 바로

"엄마, 집에 언제 가?"

참지 못하고 다시 조금 있다가

"엄마, 집에 언제 갈 거야?" 하고 조르곤 했다.

그럴 때마다 엄마께서는 길고 긴 옛날이야기를 자주 해주셨다.

'옛날 옛적에'로 시작하는 옛날이야기는 할 때마다 비슷한 내용이지만 재미있었다.

이제는 다시 들을 수 없는 옛날이야기가 단순히 시간 속으로 사라진 것이 아니다. 엄마의 그 이야기들은 여전히 내 마음속에서 고요히 흐르며, 감동과 감화의 노래가 되어 나를 감싼다.

잊힌 듯 사라지지 않는 엄마의 그 목소리는 오늘을 살아가는 힘이 되어, 내 안의 가장 깊은 곳을 두드리고, 잃어버린 나를 다시 찾는 연습을 하게 한다. 옛날이야기는 과거가 아니라, 오늘의 나를 이끌어 주는 가장 따뜻한 속삭임으로 남아 있다.

옛날 옛적, 아주 먼 나라에 참으로 지혜롭고 현명한 왕이 살고 있었단다. 그 왕은 욕심 많은 왕이 아니었고, 오직 나라가 평화롭고 백성이 평안하게 사는 것을 가장 큰 소망으로 삼았지. 하지만 그 나라엔 전쟁의 그림자가 어른거리고 있었단다.

이웃 나라들이 강해지고 있었고, 많은 백성들은 걱정에 잠 못 이루었지.

왕은 매일 새벽마다 궁궐 뒤편 작은 언덕에 올라가 두 손 모아 신께 빌고 빌었단다.

"신이시여, 부디 이 나라가 강하고 평화로운 나라가 되게 해주십시오. 백성이 굶지 않고, 병들지 않고, 웃으며 살게 해주십시오."

그러던 어느 날, 하늘에서 신이 나타나 왕에게 이렇게 말씀하셨단다.

"지혜로운 왕이여, 간절한 마음을 들었다. 너의 소망이 탐욕이 아닌 사랑에서 비롯된 것을 알기에 나라가 부강해지는 방법을 알려주마. 내일 해가 뜨면, 왕궁 뜰에 나가 좁쌀을 두 손 가득 담아 땅에 묻어라. 그리고 기다려라. 조급해하지 말고, 의심하지 말고, 간절히 바라며 믿어라."

다음 날 아침, 왕은 꿈을 떠올리며 궁궐 뜰 한가운데로 나가서 조심스럽게 좁쌀을 두 손 모아 가득 담았단다. 백성들은 왕이 무슨 일을 하는지 궁금해 쳐다보았지만, 왕은 묵묵히 좁쌀을 땅속에 묻고 무릎을 꿇어 간절히 기도했단다. 하루, 이틀, 사흘…. 시간이 흐르고, 백성들 사이에선 수군거림이 시작되었지.

"왕께서 좁쌀을 묻고 나라가 강해지길 기도한다더라. 그런다고 무얼

얻겠는가?"

그러나 왕은 한 번도 포기하지 않았단다. 매일 아침, 좁쌀을 묻은 땅이 있는 곳을 찾아가 손을 얹고 기도했지. 그렇게 정확히 백 일이 된 날에 그 좁쌀이 묻힌 자리에서 신기한 일이 벌어졌단다. 땅이 부스럭거리더니 그 안에서 빛나는 무언가가 솟아오르기 시작했어.

그리고 그 좁쌀 수만큼 빛의 병사들이 하나, 둘 모습을 드러냈지. 그 병사들은 말없이 줄을 맞춰 서 있었고, 왕에게 무릎 꿇고 충성을 맹세했단다.

그들은 바람보다 빠르고, 산처럼 크며, 무엇보다 백성을 사랑하는 마음을 지닌 병사들이었어. 이윽고 그 나라는 누구도 넘볼 수 없는 강한 나라가 되었고, 백성들은 다시는 굶지 않았으며 병들어도 금세 낫게 되었지. 마을마다 노랫소리가 끊이지 않았고, 아이들 웃음소리가 온 나라에 퍼졌단다.

왕은 "진정한 힘은 백성을 위한 간절한 마음에서 온다."

"모든 곡식은 작은 알갱이에 불과 한 것 같지만 소중한 백성의 식량이다."

"우리나라 백성은 작은 좁쌀 하나도 아끼고 소중히 여기는 백성이 되거라." 하고 당부했단다.

그 후로도 그 나라는 오래오래 평화롭고, 모든 이들이 지혜로운 왕과 더불어 행복하게 살았단다.

노란 주전자

연두 물든 앞산 아래
엄마의 종종걸음,
손에 꼭 쥐어 준 노란 주전자 두 개.
"조심조심, 꼭 잡고 가야 한다."

개울물 노래 따라 논두렁 길을 걸으면
방개가 헤엄치고 소금쟁이 춤을 추고
내 마음도 바람결에 출렁였다.
철벅— 하얀 국수 가락,
논물 위에 꽃잎처럼 흩날렸지만
아버지는 다 알고
후루룩, 국수 가락을 삼키셨다.

새벽마다 논으로,
이른 아침마다 밭으로,
부모님의 사랑은 땀방울로 피어올라
내 어릴 때의 추억을 채웠다.

나는 오늘도 그 노란 주전자 속

따뜻한 국물 냄새를 기억하며 살아간다.

"괜찮다."는 말의 무게

굳은 손바닥에 흙냄새를 묻히고도 언제나 미소를 잃지 않으시던 아버지와 어머니께서는 내가 밥상 위에 물을 쏟아도 다치지 않았으니 "괜찮다." 학교 다닐 때도 원하는 성적이 나오지 않아 속상하다고 하면 "괜찮다, 다음에 잘하면 된다." 하시던 부모님의 '괜찮다'라는 말은 삶의 고단함을 지우고 사랑만을 남기는 기적의 언어였다.

엄마와 아버지는 자장면과 호박 넣은 국수를 좋아라 하셨던 기억이 생생하다. 비 오는 날이면 엄마께서는 홍두깨로 밀가루 반죽을 밀고 또 밀어 누런 한지 위에 넓게 펴 놓았다.

아주 크고 넓으며 얇디얇은 밀가루 반죽이 얇은 천처럼 마루에 펼쳐져 있으면 '김이 모락모락 나는 국수를 먹겠구나' 하고 생각하였던 때가 그립다. 엄마는 그것을 잘 접어서 칼로 썰어 국수 가락을 만들고 가지런히 줄을 맞추어 예쁘게 놓으셨다. 많은 국수 가락은 하나같이 나란히, 그리고 가지런히 있어 보는 내내 정갈했다.

엄마는 최고로 맛있게 호박 넣은 국수를 끓여 호박전과 함께 이웃집 아주머니, 동네 어르신들과 나누어 드셨다. 그리고 우리 가족이 자장면을 시켜 먹을 때면 엄마, 아버지는 특히 좋아하셨는데, 탕수육까지 곁들이면 늘 손주들 먼저 먹이고, 본인들은 불어 터진 자장면과 남은 음식들을 드시곤 했다. 지금 생각하면, 따뜻할 때 먼저 드시게 하지 못한 불효와 살아오면서 더 다정하게 관심을 가지지 못한 것들이 떠올라 마음이 먹먹하다.

"아버지, 엄마, 따뜻할 때 맛있게 얼른 드셔요. 아이들은 맛있는 거 알아서 잘 먹어요."

그러면 늘 "괜찮다. 아이들 먹는 것만 봐도 배부르다."

맛있는 것을 드실 때도 두 분은 항상

"괜찮다. 너희 먼저 먹어라."

엄마와 아버지는 모든 것이 "괜찮다"라고 하시며, 자식과 손주들을 먼저 챙기는 것이 몸에 배어 있으셨다.

자식들이 "예쁘고 깔끔한 의복 사드릴게요!"

"이제 연세 드셨으니 건강 챙기시고 일은 쉬엄쉬엄 조금만 하셔야 합니다."라고 하면, "괜찮다. 알아서 한다."

농사지어 좋은 것은 언제나 자식들에게 다 내어주시고, 정작 집에는 온전한 곡식이 없을 정도로 아낌없이 베푸셨다. 지금은 그 모습이 왜 이토록 그리울까. 엄마께서 편찮으신 뒤로는 예전 모습으로 돌아오지 못하셨다. 잘 걷지 못하시고 연로하신 엄마는 지금도 철마다 챙겨서 먹으면 좋은 것은 무엇이라고 말씀하시며 먹거리 걱정을 하신다.

"아이들 밥 잘 챙겨 먹이냐?"

"가족들 먹거리 잘 마련해야 건강하다."

춘하추동, 계절마다 늘 먹거리 걱정을 입에 달고 사신다. 정신이 조금씩 오락가락하시는 요즘도 봄이 되면 봄나물 이야기, 완두콩, 강낭콩 등 각종 씨앗 심는 이야기, 특히 "옥수수를 심어 나누어 먹으면 좋겠다."며 계절마다 밭 이야기를 하신다.

여름이 되면 옥수수와 감자, 가을이면 땅콩과 벼 수확, 겨울이면 군고구마와 군밤, 쑥떡 이야기를 즐겨 하신다.

몸이 기억하는 일들이 엄마의 입술에 자연스레 맴도는 것이다. 엄마께서는 밭에서 자라는 각종 채소나 논에서 자라는 벼를 보며 꽃보다 초록이 더 예쁘다고 하셨다. 이제는 걷는 것이 불편하여 그렇게 좋아하시던 밭에 나가지 못하시니 마음이 아리다. 엄마와 항상 밭에 가던 유모차는 창고 문 옆에서 엄마의 손길을 마냥 기다리고 있다. 이제 짙은 빨간색의 유모차는 점점 분홍색이 되어 지쳐가고 있다. 건강하시던 엄마께서 어느 날 목욕을 마치고는 오른쪽 머리 아래가 가렵다며 살펴 달라고 하셨다.

동생과 내가 "매우 가려우세요?" 하고 묻자,

"괜찮다."

"엄마, 매우 아프지 않으니, 연고만 바를게요."

그리고 며칠이 지나, 결국 엄마는 119 응급차량에 실려 병원으로 가셨고 온 가족이 응급실 문밖에서 발만 동동 구르며 건강하시기만을 기다렸으나 엄마는 중환자실로 옮겨졌으며 병명은 대상포진이었다.

"엄마, 엄마, 일어나 보셔요!" …대답이 없으셨다.

어둑해지는 저녁 무렵이 되어서야 엄마가 겨우 깨어나셨고, 몇 시간 후 일반 병실로 가게 되었다. 환자복을 입은 엄마 등을 살펴보니, 오른쪽 등 가득 붉은 두드러기처럼 발진이 솟아 있었다.

"엄마, 몹시 아프셨지요? 큰일 날 뻔했어요."

엄마는 간신히 나지막한 목소리로 말씀하셨다.

"괜찮아. 다들 걱정하지 말어."

"엄마는 항상 괜찮다, 괜찮다고 하시잖아요! 그래서 이렇게 될 때까지도 모르다니 너무나 속상해요."

엄마는 대상포진으로 2주 남짓 병원에 계시다가 회복되어서 퇴원하였다. 하지만 퇴원하는 날에 걸음을 제대로 떼지 못하셨고, 그 이후 예전 같은 생활을 이어갈 수 없게 되었다. 그럼에도 우리 엄마와 아버지는 평생 자식들 앞에서 "괜찮다. 걱정하지 마라."를 입에 달고 사셨다.

"너희들 건강하게 살아라."

"너희들 근심 걱정 없이 잘 살아라."

"별일 없는 거지?"

"괜찮은 거지?"

나보다 훨씬 어린 나이에 결혼해 없는 살림에 다섯 남매를 키워내시느라 얼마나 힘드셨을까. 끼니마다 걱정이었을 텐데, 얼마나 애가 타셨을까. 그 모든 결핍의 시대를 온전히 살아내신 부모님들께 감사와 존경의 마음을 가득 담아 드린다. 요즘은 나이 탓일까? 아니면 부모가 되어서 비로소 알게 된 것일까?

부모님과 관련된 사자성어를 들을 때마다 가슴이 울컥하며 눈물이 주르륵 흐를 것만 같다. 제대로 다 하지 못한 효도에 대한 자책과 죄책감이 오늘도 내 마음을 저리게 한다. 부모님의 "괜찮다"라는 말은 세월이 흘러도 내 가슴속에서 다시 피어나며, 눈물이 되어 흐르다가도 다시 삶을 견디게 하는 깊은 뿌리가 된다.

망운지정(望雲之情)

: 흰 구름을 바라보며 부모를 그리워하는 마음.

→ 부모와 떨어져 있거나 나이 들어 부모의 사랑을 되새길 때 쓰임.

반포지효(反哺之孝)

: 까마귀 새끼가 자라서 어미에게 먹이를 물어다 준다.

→ 자식이 자라 부모에게 효도하는 것을 말하며, 늦게 깨닫는 효심을 이르
는 말이다.

풍수지탄(風樹之歎)

: 나무는 고요하고자 하나 바람이 멈추지 않는다.

→ 자식은 효도하고자 하나 부모는 기다려 주지 않는다.

지음지기(知音之器)

: 나를 진심으로 이해하는 사람이 되어라.

→ 자식을 키워보니 부모 마음이 이해된다는 깨달음.

역지사지(易地思之)

: 입장을 바꾸어 생각하라.

→ 부모 입장이 되어 보니 비로소 부모 마음을 이해하게 됨.

출필고반필면(出必告反必面)

: 밖에 나갈 때와 돌아와서 얼굴 뵈어라.

→ 밖에 나갈 때는 반드시 부모께 말씀드리고, 돌아와서는 반드시 얼굴을
   뵈어 안심시켜 드려야 한다는 효행의 도리.

부자유친(父子有親)

: 아버지와 아들 사이에는 친함이 있어야 한다.

→ 부모가 자식을 진심으로 아끼듯, 자식도 부모를 존중하고 감사하는 태
   도를 가져야 한다는 의미.

부모은중(父母恩重)

: 부모의 은혜는 하늘보다도 깊고 무겁다.

→ 부모가 자녀에게 베푼 사랑과 희생은 그 무게를 헤아릴 수 없을 만큼 크며, 자녀는 그 은혜를 잊지 않고 감사와 효도로 살아가야 한다는 가르침.

"괜찮다," 그 한마디

비 오는 날, 엄마의 홍두깨 아래
하얀 반죽은 얇게, 더 얇게
넓은 연못처럼 펼쳐졌다.
무엇이든 끓이면
자식 그릇부터 채웠다.
"괜찮다, 너희 먼저 먹어라."
불어 터진 국수는 그 말속에서 더 따뜻했다.

몸이 천근만근 아파도
"괜찮다."
그 한마디로 아픔을 감추셨다.
"괜찮아, 다들 걱정하지 말아."
그 한마디 속에 사랑이 숨어 있었다.

그 모든 세월이 '괜찮다.'라는
짧은 숨결에 담겨 있었다.
괜찮다는

"너희만은 아프지 말아라."

"너희만은 힘들지 말아라."

라는 사랑의 다른 이름이었다.

장독대에 숨길까

봄빛은 새순처럼 설레고, 하루가 다르게 변해가는 자연은 묵묵히 흘러가는 세월을 말해준다. 계절이 바뀌어 봄이 오면 엄마는 이제 자주 밭으로 나가신다.

엄마께서 처음 시집오셨을 때는 밖에 잘 나가지 않으셨다고 한다. 시골 살림임에도 불구하고 집안에서 살림에 정성을 다하셨고 아이들을 키우고, 많은 식구의 밥을 짓고, 빨래하며 고단한 하루를 보내셨다고 한다.

우리 집은 주로 벼농사를 지었기에 밭농사는 거의 없었다. 그러나 어느 날, 엄마에게 작은 밭이 생겼다. 그곳은 곧 오롯이 혼자만의 세상인 엄마만의 정원이 되었다.

그 밭은 항아골이라는 곳에 있었는데, 내가 학교에 갈 때도, 학교에서 돌아오는 길에서도 멀리서 엄마의 모습을 볼 수 있는 곳이라서 나는 그 밭이 아주 좋았다. 봄이 오면 엄마는 어김없이 호미를 들고 밭에 나가셨다. 따스한 바람이 불고, 땅이 겨우내 얼었던 몸을 풀듯 포근해지면, 엄마의 몸과 마음은 흙을 향해 달려갔다. 봄에는 작은 풀들이 귀엽게 얼굴을 내밀지만, 여름이 되면 무성하게 자란 큰 풀들이 엄마의 어깨를 더욱 무겁게 했다.

엄마는 늘 말씀하셨다. 밭에 풀을 매고 돌아앉으면 풀이 금세,

"나 여기 있어요!"

하고 또 뾰족이 올라온다.

풀과의 끝없는 전쟁 속에서도 엄마는 밭일을 멈추지 않으셨다.

밭에서 허리를 굽혀 풀을 뽑고, 땀을 닦으며 웃으시는 그 모습이, 어린 나에게는 참으로 당연한 풍경이었다.

어느 날, 나는 철없는 마음으로 엄마의 호미를 장독대 항아리 뒤에 몰래 숨겨두었다. 그러면 엄마가 밭에 나가지 않고 집에만 계실 줄 알았다.

늘 바쁜 엄마를 붙잡고 싶었던 아이의 투정 같은 마음이었다.

하지만 호미를 숨겨도 소용없었다.

엄마는 다른 호미를 찾아 들고, 마치 약속이라도 한 듯 다시 밭으로 나가셨다. 그때 깨달았다. 밭은 단순히 먹을거리를 얻는 곳이 아니라, 엄마의 삶 그 자체였다.

세월이 흘러 지금은 내가 주말농장 겸해서 엄마의 그 밭에 나가곤 한다. 그러나 여름방학이 지나고 가보면, 온갖 잡초가 무성하여 채소는 눈

에 잘 띄지 않을 정도였다. 예전 엄마의 밭에서는 마늘, 쪽파, 대파, 고추, 땅콩, 오이, 가지, 아욱, 옥수수, 고구마… 없는 것이 없을 정도로 작물마다 엄마의 손길이 닿아 있었고, 흙마다 엄마의 땀이 스며 있었다. 밭은 엄마의 정성과 기다림이 빚어낸 선물이자, 우리 가족의 끼니를 채워주는 귀한 음식이었다. 이제는 다리가 너무 불편하여 거동하지 못하시는 엄마는 가끔 내게 말씀하신다.

"밭에 데려다주면 좋겠다. 밭도 매고 싶고, 빨강 고추도 따고 싶다."

그 말씀을 들을 때면, 마음 한쪽이 뭉클해진다.

평생 밭을 일구어온 손과 몸이 계절마다 심었던 씨앗을 기억하고 계신다. 밭일은 엄마의 몸에 엄마의 영혼에 깊이 새겨져 있어 씨앗을 심고, 싹을 틔우고, 거두어들이는 그 모든 순간이 곧 엄마의 삶이었으니, 밭을 그리워하시는 것은 당연한 일일지도 모른다. 엄마는 늘 흙을 좋아하셨다.

곡식의 초록빛을 보고 "꽃보다 아름답다." 초록 고추, 빨강 고추를 보고 "꽃처럼 곱구나." 하시고 하늘을 보면 "하늘색이 참 좋다."고 하셨다. 밭 이야기를 꺼내실 때면 눈빛은 여전히 소녀처럼 반짝인다. 밭은 단순히 먹을거리를 얻는 땅이 아니라, 우리 가족을 위해 평생을 바치신 엄마의 사랑이 뿌리내린 자리라는 것과 그 땅에서 자란 채소는 평범한 음식이 아니라, 엄마의 삶과 땀과 희생이 깃든 최고의 밥상이었다.

따스한 햇볕이 온 사방을 비추는 이 계절, 앞산의 연둣빛이 짙어져 가는 것을 바라보면, 나는 여전히 엄마의 밭을 떠올린다. 그리고 그 밭을 그리워하는 엄마의 마음을 생각한다. 밭은 사라질지 몰라도, 그곳에 새겨진 엄마의 손길과 사랑은 평생 내 마음에서 지워지지 않을 것이다.

이제 장독대 뒤에 호미를 숨기던 아이는 없지만, 그 밭에 새겨진 엄마의 손길과 '흙을 사랑하던 눈빛'은 절대로 지워지지 않을 내 마음의 영원한 풍경이다.

'흙은 거짓말을 하지 않는다'라는 옛말처럼, 엄마는 평생 흙과 함께 숨쉬셨다. 어린 나는 그런 엄마의 손을 잠시 쉬게 하고 싶어 호미를 장독대에 숨겼지만, 밭으로 향하는 엄마의 마음까지는 숨길 수 없었다.

엄마 밭, 그리움의 자리

봄빛이 짙어질수록
엄마의 발걸음은 언제나 밭을 향했다.
굽은 등 뒤로 쏟아지던 햇살
고랑마다 땀방울이 계절이 되어 자랐다.

어린 나는 호미를 숨기면
엄마가 쉬실 줄 알았다.
그러나 엄마는 또 다른 호미를 찾아
끝내 밭으로 걸어 들어가셨다.

밭은 단순한 땅이 아니었다.
가족의 끼니와 내일이 자라던 자리,
엄마의 삶과 사랑이 뿌리내린
그리움의 고향이었다.

이제는 힘겨운 걸음에도
엄마는 말씀하신다.

"나를 밭에 데려다주면 좋겠다."

그 손은 여전히 흙의 숨결을 기억한다.

봄, 그리고 쑥개떡

개울가에 버들강아지가 피어오르고, 봄바람이 닫혀 있던 겨울의 창을 열어젖히면, 땅속에서 오랫동안 숨죽이며 기다리던 새싹들이 하나, 둘 마침내 세상에 첫인사를 건네는 순간—그 작은 떨림은 봄의 축복이다.

봄은 그렇게 말없이 우리 곁에 다가와,
"너도 다시 피어날 수 있다." 속삭인다.

봄의 향기가 가득한 쑥이 얼굴을 내미는 계절, 그래서 다시 봄은 언제나 참 좋다. 땅속에서 기지개를 켜듯 피어나는 새순들이 여리여리 흔들리고 그 속삭임 같은 봄바람은 어린 시절의 기억을 불러온다. 봄이면 어김없이 엄마께서 쑥개떡을 해주셨다. 쑥을 한가득 뜯어 와 방앗간에서 빻아온 쌀가루와 섞어 빚어낸 봄쑥빛 쑥개떡. 지금도 그때 먹던 그 짙푸른 색과 봄 내음 가득한 맛이 엄마를 더 그립게 한다.

"엄마, 그때 쑥개떡은 왜 그렇게 맛있었을까요?"

"아이고, 네가 뛰어놀다 들어와서 허겁지겁 먹으니 더 꿀맛이었지. 쑥 향기랑 너의 웃음이 같이 가득 들어간 맛일 거야."

나는 웃었지만, 가슴 한쪽이 처연했다. 정말 엄마의 정성 어린 손길과 사랑이 함께 들어 있었음을. 막 돋아난 쑥은 야들야들하여 떡으로 빚어 먹어도 향긋하고, 국으로 끓여 먹으면 속이 풀리며, 전으로 부쳐내면 쑥 향기가 입안 가득 뛰노는 듯 꿀맛이다.

봄 향기를 품은 것은 쑥만이 아니다. 우리 밭에 지천으로 돋아나는 냉이도 향긋함으로 봄을 부르는 나물이며 냉이 무침은 향이 살아 있고, 된장국에 넣어 끓이면 숟가락마다 봄의 노래가 피어난다. 또 달래는 은은한 매운 향으로 밥상 위에 봄을 수놓는다.

"엄마, 내가 아무리 정성을 다해도 냉이된장국에서 그 맛이 나질 않아요."

"하하, 그건 네 손맛이 아직 어른이 될 시간이 남아서 그래. 자주 먹다 보면, 세월이 지나면서 언젠가 닮게 돼."

나는 이제 엄마께 배워 쑥도 잘 뜯고, 냉이도 달래도 곧잘 캔다. 그러나 엄마 손으로 만들어 주신 쑥개떡과 된장국 맛은 결코 따라갈 수가 없다. 봄나물의 향기 속에는 단순한 맛이 아닌, 엄마의 손길과 정성이 고스란히 스며 있기 때문이다.

봄의 따스함만큼이나 이 봄나물들의 향기로 우리의 삶은 늘 풍요롭고 따뜻해졌다. 새싹들이 움트는 계절이면 밭에서도 기적 같은 일이 벌어진다. 겨울을 꿋꿋이 견딘 마늘 새싹, 양파 새싹, 대파 새싹이 고개를 내밀며 의젓하게 서 있다.

그 모습이 마치 다시 살아나는 생명의 선언 같아 마음이 숙연해진다. 그런데 지금은 정작 엄마의 손길은 그 밭에 없다.

"엄마, 밭에 같이 가요. 풀도 매고 고추도 따고 싶으시죠?"

"그래, 내가 다리만 건강하였어도 당장 갔을 텐데…. 밭일이 고단해도 내겐 행복이었단다."

그 시절, 밭일하는 엄마가 싫기도 했다. 늘 바쁘게 일만 하시는 엄마가 원망스러웠고, 그 곁을 지키기보다는 일 그만하시라고 투정할 때가 많았다. 그러나 지금은 그 밭에 엄마가 없으니 너무나 허전하고 주인 잃은 밭도 불쌍해 보인다. 새싹이 돋아 초록빛으로 곱게 물들고 있지만 정작 그 밭의 주인인 엄마께서 '그 자리에 꼭 오실 수 있게 도와주세요.' 혼잣말을 되뇌며 슬픈 마음을 추슬러 본다.

주말이 되면 시골집에 자주 간다. 엄마 장독대 옆에는 달래가 소복하게 자라고 있었고 초록빛이 짙어지고 있는 밭에 가니 이곳저곳 이웃집 어르신들께서 부지런히 봄 농사일에 여념이 없었다. 풍성한 논밭을 지날 때마다 아버지와 엄마는 늘 밭에든 논에든 계실 것 같은데 계시지 않는 그 길을 걷는 현실에 고아가 된 듯 눈물이 핑 돈다. 나는 부모님이 영원히 나의 곁에 계실 거라 믿고 살았다.

무한히 함께할 줄 알았건만 그 논과 밭에는 아버지와 엄마가 계시지 않으니, 내 삶의 주변은 점점 더 쓸쓸해지는 기분이다. 봄은 여전히 오고, 새싹은 여전히 돋는데, 그 봄을 함께 나누어 주시던 분들은 이제 그 자리에 계시지 않는다.

"엄마, 조금만 더 제 곁에 있어 주세요. 저 아직도 엄마 밥상이 그리워요."

"얘야, 나는 늘 네 곁에 있다. 쑥 향기에도, 된장국에도, 네 마음에도. 그러니 외로워하지 말아라."

그래서 나는 더 간절히 바라게 된다. 나의 곁에 있는 모든 분이 건강하기를. 오래오래 행복하기를 사소한 일상마저도 감사히 누리며, 함께하는 이 시간이 얼마나 소중한지를 잊지 않기를. 바라며 봄의 쑥 향기와 냉이 향기, 그리고 엄마의 손길과 목소리가 어우러진 기억은 내 가슴 속에 깊이 남아 있다.

그 향기는 절대로 사라지지 않을 것이다. 봄마다 피어나는 새싹처럼, 엄마의 사랑과 그리움은 내 마음에서 언제나 새롭게 움틀 것이기 때문이다.

봄은 다시 오지만 부모님과 오붓하게 함께한 시간은 돌아오지 않는다. 그러나 사랑은 사라지지 않고, 기억 속에서 현재를 살아내며, 우리에게 '함께한 순간이 따뜻했음'을 일깨운다.

손끝 봄 향기

봄이면 엄마의 손끝엔
언제나 초록이 묻어 있었다.
쑥을 뜯어 쑥개떡을 빚고,
냉이와 달래를 다듬어
봄을 한 숟갈씩 내 입안에 넣어주셨다.

그 향기 가득한 밥상이
엄마의 사랑이자 삶의 전부였다는 것을.
그때는 밭일하는 엄마가 싫었는데,
지금은 그 밭에 엄마가 없어
허전한 바람만 분다.

그래서 나는 오늘도 빌어본다.
내 곁의 사람들,
오래도록 건강하기를,
그리고 오래도록 곁에서
봄 향기 같은 웃음을 나누어 주기를.

제 2 화

그 여름 기억하나요

그 여름은 멀어졌어도,

마음속에서는 언제나 빛나고 있습니다.

당신의 여름은 어떤 향기와 색깔로 남아 있나요?

복숭아, 달콤함이 흐르던 때

여치, 방아깨비, 사마귀와 놀고 한낮 매미가 쉼 없이 우는 여름날 초등학교 다니던 때 일이다. 장마가 막 지나고 집 앞 깨끗한 물이 흐르는 개울가에 많은 사람과 아이가 옹기종기 모여 빨래도 하고 세수도 하고, 아이들은 천방지축 뛰어다니며 놀았다.

그때는 이른 아침에 동네 사람들이 모두 모여 무슨 이야기를 나누었는지, 사람들은 자주 마을 가운데를 지나가는 개울가에 모여들었고 나는 그런 날마다 친구들과 뛰어놀았다.

그날도 재미있게 잡기 놀이하듯이 신나게 놀던 중이었다. 나를 죽기 살기로 잡아 술래를 시키려고 하기에 내달리다가 넘어지고, 친구도 나를 덮치며 넘어지는 바람에 나의 왼쪽 팔이 부러졌다.

"아야! 아버지, 너무 아파요….."

나는 울음을 터뜨렸다.

아버지께서 다급히 달려오셔서 나를 둘러업으셨다.

"우리 딸, 괜찮아. 아버지가 있으니 걱정하지 말아라. 조금만 참아, 병원에 금방 가자."

그날 골절된 나의 왼쪽 팔은 축 늘어져 무서운 광경이 벌어졌다. 온동네가 난리 났으며 병원에 도착해 깁스하고, 오랜 기간 병원을 오가며 치료를 받아야 했다. 의사 선생님과 아버지께서 나를 바라보며 말씀하셨다.

"이 팔은 이제 600만 불 사나이 팔이야. 앞으로는 절대 부러지지 않는다. 그러니 걱정하지 말고 열심히 놀아라."

아버지께서도 내 머리를 쓰다듬으며 웃으셨다.

"들었지? 아버지 말 믿고 씩씩하게 뛰어놀아야 한다."

나는 고개를 끄덕이며 울먹였다.

"네, 아버지. 다시는 울지 않고 씩씩하게 놀게요."

그 여름에는 깁스한 팔이 가렵고 냄새나서 나무젓가락으로 이리저리 긁어야 했다. 무더위가 기승을 부리던 날, 치료받고 병원에서 나오는데 동네 오일장이 서는 날이라서 동네 거리마다 사람들로 붐비고 왁자지껄했다. 집으로 가는 버스를 기다리는데 상점마다 복숭아가 먹음직스럽게 진열되어 있었다. 나는 군침을 삼키며 아버지를 쳐다보았다. 아버지께서 그 눈빛을 보시고 웃으셨다.

"우리 딸, 복숭아 먹고 싶구나?"

"네, 아버지…. 너무 먹고 싶어요."

"그래, 제일 크고 맛난 걸로 먹어야 우리 딸이 빨리 나아서 친구들이랑 다시 뛰어놀지 않겠니?"

"정말요?"

"그럼, 아버지가 사줄게. 우리 딸이 맛있게 먹으면 그걸로 됐다."

나는 제일 크고 뽀얀 복숭아를 들고 한입 베어 물었다.

"와, 아버지! 너무 달아요! 세상에서 제일 맛있어요!"

아버지께서는 흐뭇하게 나를 바라보셨다.

"웃는 모습만 보아도 배가 부르다."

그런데 지금 생각하니 그 복숭아는 나만 먹었던 것 같다.

'왜 아버지께 같이 드시자고 하지 않았을까?'

'왜 나는 그렇게 철없었을까요?'

그때 함께 나누어 먹었다면 아버지도 얼마나 좋아하셨을까. 부모 마음을 부모가 되어 보아야 안다는데, 나는 부모가 되어서도 너무 늦게 이런 생각을 하게 된 것 같아 후회막급하다. 지금도 생각이 짧은 그 순간이 떠올라 비통해진다.

그해 여름, 깁스를 풀어보니 팔은 가늘어지고 때도 많이 끼어 이상한 모습이었다. 움직임도 조심스러웠지만, 꿀맛 같은 복숭아 덕분에 내 팔은 다시 튼튼한 무쇠 팔이 되었다. 지금도 무더운 여름날 복숭아를 보면 아버지께서 사주신 인생 최고의 그 복숭아 맛을 잊을 수가 없다.

"아버지, 그때 저한테 복숭아 사주셔서 고마워요. 그 복숭아 맛이 아직도 제 입안에 꿀맛으로 남아 있어요."

마음속으로 이렇게 아버지께 말을 건네면, 아버지의 대답이 들려오는 것만 같다.

"우리 딸, 아버지는 네가 행복하면 된다."

"아버지께서는 네가 맛있게 먹는 모습으로 이미 배부르고 행복했단다."

그 순간, 어린 시절의 추억이 솔솔 다가와 나를 행복하게 한다.

장마 끝 햇살이 개울물 위에 흩뿌려지던 날, 세상은 눈부시게 맑았고 아이들의 웃음은 물결처럼 번져갔다.

그해 여름을 생각하며

아버지,

무더운 여름날 제가 팔을 다쳐 울먹이던 순간을 기억하시나요? 제 팔이
골절된 날 저를 둘러업고 달리시던 아버지의 등은 작은 세상을 짊어진
산 같았습니다.

"괜찮다, 우리 딸. 아버지가 있잖니."

그 말씀은 흔들리던 제 마음을 붙잡아 주셨습니다.

의사 선생님과 아버지께서 "앞으로는 걱정 말고 마음껏 뛰어놀아라."

그 말이 제게 세상을 다시 열어 주었습니다.

아버지, 그날 장터에서 마주한 복숭아를 저는 아직도 잊지 못합니다.

군침 삼키던 제 눈빛을 읽어내시고는

"우리 딸, 제일 크고 제일 맛난 걸로 먹어라."

말씀하시던 그 순간, 달콤한 복숭아는 제 입안에 햇살처럼 퍼졌습니
다. 그러나 뒤늦게 알았습니다.

아버지께 한 조각도 건네지 못한 저는 늦게서야 깨달았습니다. 그날의
복숭아가 자식 사랑의 다른 이름이었습니다. 아버지께서 제게 건네셨던
모든 순간이 사랑이라는 이름의 선물이었습니다. 그립습니다, 그 달콤
함을 되새기며 오늘도 아버지를 불러봅니다. 늘 그리운 딸이 드립니다.

우표와 편지봉투

✉ **집이 그리워**

"우표와 편지봉투 가져와라."

"편지봉투에 넣어 집으로 부쳐야겠다."

어린 시절, 외삼촌 댁에서 몇 날씩 지내다 보면 우리 집이 그리워 울곤 했다. "엄마… 나 우리 집에 가고 싶어."

나는 울먹이며 밥도 먹지 않았다. 그럴 때마다 큰외삼촌과 외숙모님들은 웃음 섞인 목소리로 크게 말씀하셨다.

"에이 이놈아, 울지 마라. 내일 날이 밝으면 우표 딱 붙이고 편지봉투에 넣어 너희 집으로 보내 주마!"

외숙모님도 맞장구를 치셨다.

"그럼, 오늘은 푹 자야지. 우체부 아저씨가 내일 데리러 오실 거다."

어린 나는 그 말을 진심처럼 믿었고 정말 우표를 붙이면 우체부 아저씨가 와서 나를 집으로 데려다주는 줄 알았다. 그 순진한 믿음은 두려움을 달래주는 작은 위로였고 하루, 이틀 지나면 우리 엄마가 오셨으며 다시는 엄마 없이는 외삼촌 댁에 가지 않으리라 마음먹은 때도 있었지만 방학이 되면 또 가곤 하였다.

✉ 훈장님 같은 외삼촌

하늘 천, 땅 지, 검을 현, 누를 황, 집 우, 집 주, 클 홍, 거칠 황, 날 일, 달 월….

큰외삼촌댁에 가면 시간 날 때마다 천자문을 읽게 하였다. 그리하여 어려서는 한동안 한자음을 노래하듯이 하늘 천, 땅 지… 외우고 다녔지만 한자는 눈으로 지나치듯이 보아서인지 정작 쓰려고 하면 나의 이름과 부모님 성함, 집 주소 등이 눈앞에서 가물가물하다.

훈장님 같은 외삼촌 댁은 담배 농사와 고추 농사를 지었고 넓은 담배밭에 무성하게 자란 커다란 잎들이 바람에 흔들리는 모습을 보며 신기하여 나는 속으로 중얼거렸다.

'이게 어떻게 담배가 될까? 꼭 물어보고 싶은데….'

그러나 궁금증을 참고 물어보진 않았다. 큰외삼촌은 언제나 수염을 기르고 곰방대로 담배를 피우셨고 술을 잘 드시고 목소리도 크셨으며, 호탕하게 웃으시며 우리를 웃게 하려고 재미있는 말씀과 행동을 많이 하셨다.

"야, 너! 내 수염 한번 잡아봐라. 호랑이 수염 같다!"

그러고는 껄껄 웃으시며 우리를 놀라게 하셨다. 그러면 외숙모님들은 혀를 끌끌 차시며 말씀하셨다.

"아이고, 저 양반은 애들만도 못하다니까."

그 말에 큰외삼촌은 또 껄껄 웃으셨다.

✉ 두 분의 외숙모

큰외숙모는 얼굴 가득 주름이 있고 담배 냄새가 몸에 가득했던 분이었다. 그런데도 늘 우리를 껴안고 말씀하셨다.

"애들아, 우리 예쁜 똥강아지들아!"

그러면서 누런 치아로 환하게 웃으시며 우리 손등, 얼굴 등등에 마구 입맞춤으로 반가움을 표현하셨다. 큰외숙모는 밥상에서 김치를 손으로 찢어서 나의 밥숟가락에 얹어주시며 "밥 맛있게 많이 먹어라." "어여, 꼭꼭 씹어서 먹어야지." 하셨다.

그때 숟가락 위의 그 김치는 더 짭조름했던 것 같은 흐릿한 기억이 있다. 작은외숙모는 언제나 한복을 곱게 차려입으셨는데 큰외삼촌의 작은 부인이다. 큰 부인과 작은 부인이 같은 집에 살고 계시는데 두 분이 사이좋게 지내셨다. 두 분이 싸우는 것을 본 적은 없다. 작은외숙모는 젊으셔서 얼굴이 반들반들하였고 화려한 색의 한복을 입으셨으며, 참빗으로 머리를 매끈하게 여러 번 빗고 또 빗어서 단정하게 쪽진 모습이 눈에 선하다. 아침이면 거울 앞에서 머리를 빗으며 말씀하시곤 했다.

"얘들아, 잠깐만 기다려. 외숙모 머리 좀 마저 하고 놀아 줄게."

잠시 후, 꽃단장을 마친 작은외숙모는 우리 손을 잡고 마당으로 나서셨다.

"자, 이제 비석 치기도 하고 술래잡기도 하고 뛰어놀자!"

그 목소리에는 언제나 따뜻함이 담겨 있었고 친절하였다.

✉ 우표에 붙은 그리움

그 시절, 우리 엄마는 작은외숙모보다 큰외숙모와 더 많은 이야기를 나누셨다.

"아이고, 언니. 그때는 말이야…"

두 분의 웃음꽃이 마당 가득 번지던 그때의 모습이 아직도 눈에 남아 있다. 나는 그저 집이 그리워 눈물을 훔쳤지만, 외삼촌 댁의 풍경과 사람들의 따뜻한 손길은 세월이 흘러 다시 떠올려 보면 가슴을 뭉클하게 한다.

집으로 돌아가고 싶어 하던 나에게 우표와 편지봉투로 위로를 건네던 큰외삼촌과 외숙모님들의 호탕한 웃음소리가 지금도 귓전에 맴돈다. 그 모든 순간이 지금은 추억이 되어 내 마음속 반짝이는 별처럼 빛난다.

어린 날의 큰외삼촌댁은 어쩌면 그리움과 사랑이 우표처럼 붙어 나를 지켜 주던 곳이었는지도 모른다.

이제 그 집의 웃음과 담배밭의 바람은 추억 속에서 일렁이지만 그 시절의 따사로운 햇살과 그리움은 여전히 우표처럼 내 마음에 붙어 떨어지지 않는다.

우표를 붙이면

엄마 없다고 밥 안 먹는 나를 보고
큰외삼촌이 벌떡 일어나더니
"우표랑 편지봉투 가져와라!
이 녀석 집으로 우표 붙여서 보내야겠다!"

외삼촌은 내 이마에 쩍— 우표 붙여서
집에 보낸다고 하시고
두 분 외숙모는 박장대소!

우체부 아저씨만 오면 집에 간다.

그날 밤, 나는 봉투 속 편지처럼
꼬옥 접혀서 엄마 품으로 달려갔다.

눈물로 찍은 주소 따라
마음이 먼저 간 길.

한여름 날의 동네 우물가

여름 햇살이 마을을 감싸는 날, 동네 우물가로 향하는 길은 언제나 정
겨웠으며 그 길모퉁이 용수네 나무울타리를 따라 도라지꽃이 활짝 피어
있었다. 바람이 스치면 작은 종소리라도 낼 것처럼 흔들리는 도라지꽃
은 참으로 고왔다. 도라지꽃의 고운 자태와 함께 있는 그 우물은 여름의
목마름을 적셔주던 추억을 담아 여전히 고요히 있다.

한여름 태양이 대지를 뜨겁게 달구던 날, 우물가에 부딪히는 물소리
는 바람처럼 시원한 노래였다. 나의 어린 시절의 우물은 목마름을 해갈
해 주는 샘을 넘어 사람들의 웃음과 이야기가 끝없이 솟아나던 삶의 샘
물이었다.

비가 많이 오는 한여름 날에는 우물물이 작은 폭포처럼 흘렀다. 세상
에서 가장 시원한 물이 철철 넘쳐흐르던 곳이었다. 맑은 물이 고여 있는
그 우물은 늘 사람들로 분주하였고, 우리 동네의 심장이자 마을의 중심
같은 곳이었다. 지금은 더 이상 사용하지 않지만, 시골집에 갈 때마다

나는 늘 발길이 그 우물가로 향한다.

잡초가 무성하게 자라 있고, 오래된 돌담이 삭아 내린 지금의 우물은 적막 속에 묻혀 있다. 하지만 그 우물은 물이 아니라 추억을 길어 올리던 자리, 세월이 흘러도 마르지 않는 그리움의 샘이다.

ꝏ 아침, 저녁의 우물

어릴 적, 아침 해가 뜨기 전에도 우물가에는 사람들이 모였다.

물동이를 머리에 인 아주머니들이 삼삼오오 모여들어 하루의 시작을 열었다.

"애야, 물 좀 받아와라!"

"쌀은 여기서 씻어야 더 맛나지."

바가지가 부딪치는 소리, 물이 쏟아지는 소리, 웃음소리가 뒤섞여 우물가에는 생기가 가득했다.

그 소리는 어쩐지 마을의 하루를 깨우는 종소리 같았다.

해가 지면 저녁거리를 준비하느라 다시 사람들은 우물가로 모였다. 쌀을 씻고, 채소를 다듬으며 서로 안부를 나눴다.

"오늘 고추밭은 어땠소?"

"아이고, 덥긴 더워도 수확이 잘될 것 같아."

똑같은 일상도 우물가에서는 유난히 따뜻해 보였다.

서로의 삶을 나누며 웃음과 위로가 오갔던 그곳은, 단순한 물길이 아니라 사람들의 마음을 이어주는 길이었다.

꿈 여름밤의 우물

여름날, 더위가 기승을 부리면 동네 우물가는 또 다른 놀이터가 되었다. 아주머니들은 발을 담그며 이야기꽃을 피웠고, 아이들은 물을 튀기며 장난을 쳤다. 어린아이들은 발가벗고 바가지로 물을 마구 뿌리기도 했던 모습이 정겨웠다.

"야, 조심해! 눈에 들어갔잖아!"

"하하, 너 머리도 좀 감아라. 스스로 잘 씻고 집에 가면 엄마께서 깔끔하다고 좋아하시겠다."

우리는 그곳에서 마음껏 뛰어놀며 여름의 한기를 느낄 정도로 신나게 물장난했다. 등목해 주는 손길, 머리를 감겨 주던 물살, 그리고 그 시원함 속에 섞여 있던 웃음소리는 지금도 바람 따라 들려오는 듯하다.

우물가에서는 수박도 먹고 참외도 먹었다.

누군가 가져온 과일은 혼자 먹지 않았다.

"얘들아, 이리 와서 수박 좀 먹어라!"

"참외는 잘 익었으니 달다, 달아."

돌 위에 둘러앉아 나누어 먹던 그 맛은, 시원한 우물물보다 더 달고 진했다. 그것이 바로 시골 인심이었다.

끔 엄마의 말씀

엄마는 우물 이야기를 자주 하셨다. 밤이 깊어 모깃불 연기가 피어오르를 때면, 엄마의 목소리는 우물물처럼 차갑고도 맑게 내 마음에 스며들었다.

"나는 이 집터가 좋아. 우물이 가까우니 물 길어 오기도 편하고 동네 사람들과 이야기하며 서로 배우는 것들도 많단다."

그 말은 단순한 생활의 편리함이 아니었다. 우물은 엄마에게 생명의 근원이자, 삶의 위안이었고, 마음의 고향이었다. 뜨거운 여름날이면 차갑게 길어 올린 물 한 바가지가 갈증을 식혔고, 힘겨운 삶의 고비마다 그 맑은 물은 엄마의 마음을 다잡게 해주었다.

우물가에서 마주한 사람들의 웃음, 어린 시절 장난치며 물동이를 나르던 기억, 고단한 하루 끝에 물을 길어 올리며 올려다본 별빛, 달빛 그 모든 것이 우물 속에 고스란히 잠겨 있었다. 우리 집터를 지나 바깥마당을 건너면 용수네 집터와 우물터가 맞닿아 있었다.

그곳은 단순한 이웃의 경계가 아니라, 서로의 삶이 이어지는 다리였다. 우물가에 모여 흘려보낸 물과 시간은 마을 사람들의 정과 온기를 엮어내며 한 시대의 풍경을 만들어냈다. 엄마는 늘 그 이야기를 내게 들려주었고 우물은 물만이 아니라, 추억과 인연, 그리고 삶의 노래를 퍼 올리는 자리였다고 추억하셨다. 아버지께서 세상을 떠나신 후, 엄마는 집터와 함께 그 우물의 이야기를 내게 물려주셨다.

땅이라는 물질적 유산보다 더 크고 깊은 것은, 바로 그 우물에 담긴 엄마의 마음과 세월이었다. 맑은 물속에 비친 푸른 하늘처럼, 엄마의 삶은 우물에 담겨 있었다. 이제 내가 그 자리를 서성이는 동안 우물은 단순한 물줄기가 아니라 엄마의 목소리로 들려온다.

"이 집터가 좋아. 우물가 시원함도 있지만 함께 오손도손 사이좋게 모여 사는 동네 사람들이 정말 좋단다."

그 소리를 들으며 나는 깨닫는다. 엄마가 남겨 주신 것은 땅도, 물도 아닌 삶을 꿋꿋이 지탱하는 힘이며 그리고 고향 같은 마음의 온기라는 것을. 우물은 여전히 그 자리에 있고, 그 속에 담긴 엄마의 숨결은 내 삶을 적셔주며 오늘도 투명하게 흘러넘친다.

ꙮ 사라져 가는 것들, 그러나 남아 있는 사랑

"엄마, 왜 이렇게 빨리 다 사라져 버린 걸까요?"

대답은 없지만, 그 순간 귓가에는 여전히 옛 목소리들이 들려오는 듯하다.

"애야, 물 떠와라!"

점점 내가 살던 어린 시절의 좁다란 돌담길, 흙 마당, 커다란 느티나무, 큰 바윗돌 등등 동네의 옛 모습은 사라지고 있다.

집 앞 개울가에서 빨래할 때 들리던 소리, 이웃 아주머니들의 웃음소리, 저녁 무렵 아궁이에 불을 지피던 연기 냄새마저 이제는 어디에서도 맡을 수 없다.

그때 나의 곁을 지켜 주던 분들도 하나, 둘 떠나가셨다. 언제나 아이들을 불러 모아 수박을 잘라 주던 동네 어르신들, 그리고 무엇보다도 늘 내 곁에서 미소로 힘을 주시던 정록이 엄마. 안 씨 아주머니들도 모두 어디에 계신 걸까?

집 앞에 흐르는 개울가에서는 동네 사람들이 빨래를 하였다. 우물가에는 물 떠가고 쌀 씻고 채소 씻는 동안 나누는 사람들과의 정, 그리고 그 속에서 피어나는 우리 동네 사람들 이야기가 담겨 있었다. 나는 어린 마음에 그 말을 다 이해하지 못했다. 그저 물을 긷는 엄마를 따라다니며

"엄마, 나도 우물물 담아주세요."

"엄마, 바가지는 제가 들고 갈게요."

하던 기억이 남아 있다.

엄마께서 우물가에 자주 가셨던 것은 그곳에 마을 사람들이 모여 웃고 떠들며 서로 기대 살았던 따뜻한 마음을 오래 기억하셨기 때문이었다. 그 웃음 속에 엄마의 삶도, 엄마의 사랑도 함께 흘러들고 있었으나 세월이 흘러 우물가는 더 이상 사람들이 찾지 않는 자리가 되었다. 잡초가 우거지고 돌이 무너져 내린 그곳을 바라보면, 마치 모든 게 사라져 버린 것만 같다. 그러나 내 마음속에서는 여전히 그 우물이 살아 있다. 여름밤, 시원한 물에 발을 담그며 엄마가 들려주시던 다정한 목소리가 들리는 듯하다.

"애야, 오늘도 잘 놀았니? 이제 씻고 푹 자거라."

그 말이 아직도 귓가에 남아, 힘들고 지친 날이면 나를 다독여 준다. 요즘 우리 주변에는 사라져 가는 것들은 많다. 동네도, 사람도, 풍경도, 추억마저도 시간 속에서 흩어진다.

그러나 흩어지고 사라진 뒤에도 남는 것이 있다. 그것은 바로 따뜻하고 포근한 사랑이다. 엄마가 내 손을 꼭 잡아 주시던 그 온기와 가족이 함께 둘러앉아 웃던 저녁 밥상 그리고 우물가에서 나눈 인심과 정겨운 이야기들. 그 모든 사랑은 사라지지 않고 내 안에 살아 있다. 언젠가 나 또한 누군가의 기억 속에서 사라져 가겠지만, 내가 남겨 줄 수 있는 것도 결국 따뜻한 사랑일 것이다.

사라짐의 끝에서 남는 것은 눈부신 사랑의 흔적이기에 철학자들은 말한다.

"인생은 유한하기에 의미가 있다."

끝이 없었다면 순간은 귀하지 않았을 것이다. 사라지기에 소중하고, 사라지기에 기억되며, 사라지기에 우리는 지금을 더 붙잡게 된다.

세월이 데려간 것들

사랑하는 엄마께

제가 자라던 동네는 이제 빈집이 하나, 둘 늘어가고 있습니다.

우물가의 물소리, 개울가에서 빨래하는 아낙네들 소리, 밥 짓던 연기,

이웃들의 웃음소리, 어린아이들이 뛰놀던 골목길 등이 모두 세월이

데려갔지만 그 속에서 우물을 가고 올 때마다 손잡아주고 언제나 저

를 바라보던 엄마의 미소만은 지워지지 않습니다.

"이 집이 좋은 건, 우물이 가깝고 사람들과 왕래하기 좋아서 그래."

그 우물과 개울가에는 사람들의 웃음과 위로 그리고 엄마의 삶과 사

랑이 고스란히 흘러들어 있었지요.

세월이 흘러 잡초가 우물을 덮고 돌담마저 무너져 내렸지만,

제 마음속 우물은 여전히 맑게 흐르고 있습니다.

여름밤, 발을 담그던 물결 위로 들려오던 엄마의 목소리—

"애야, 오늘도 잘 놀았니? 이제 푹 자거라."

그 다정한 속삭임이 지금도 제 마음을 안아 줍니다.

엄마, 세상 모든 것은 언젠가 사라집니다.

그러나 엄마가 제게 물려주신 사랑만은 결코 사라지지 않습니다.

그 사랑이 제 삶의 가장 큰 힘이 되어

오늘도 저는 엄마를 그리워하며, 엄마의 사랑 안에서 살아갑니다.

늘 엄마를 사랑하는 큰딸 올림.

덜 익은 풋복숭아

♡ **이모네 집에서의 기억**

"이모, 이모! 우리 왔어요!"

대문을 열고 뛰어 들어가며 소리치면, 곧장 환한 목소리가 들려왔다.

"어서 오너라, 우리 귀한 꼬마 손님들 왔구나!"

이모와 이종사촌 언니와 동생들이 마당으로 뛰어나와 우리를 반겨 주었다. 아버지는 늘 무겁게 쌀자루를 지고 들어서셨다.

그럴 때마다 이모가 물을 내오며 말했다.

"형부, 올 때마다 왜 쌀을 챙겨 오세요. 그만 가져오세요."

그러면 아버지는 빙그레 웃으시며 대답하셨다.

"아이들 먹을 거리는 넉넉하게 있어야지."

나는 속으로 궁금했다.

'아버지께서는 우리가 정말 저 많은 쌀을 다 먹고 이곳에 오래오래 살라는 걸까?'

♡ 복숭아 과수원과 꽃밭

이모님은 언제나 친절하고 예쁘게 말씀하여 집은 언제나 따뜻하고 평안했다. 늘 놀아 주는 언니와 동생들이 많아 외롭지 않았고, 집 주변을 감싸듯 펼쳐진 복숭아 과수원은 놀기 좋아하는 우리들에게는 그야말로 작은 천국이었다. 봄이면 과수원 가득 분홍빛 복숭아꽃이 흐드러지게 피어 바람이 불면 꽃잎이 날리며 마당까지 향기가 가득 퍼졌다. 꽃잎이 바람에 흩날릴 때마다 하늘에서 별빛이 쏟아지는 듯하였고, 그 향기 속에서 뛰놀던 우리는 세상 그 어떤 부러움도 없었다.

"언니, 이 꽃 예쁘다. 따 가자!"

작은 손으로 꽃을 따다가 흙 위에 늘어놓고 작은 꽃밭을 만들었고 저녁 밥상 위에 있는 밥 위에 더 예쁜 꽃잎을 얹으며 "예쁜 꽃밥이다." 하며 깔깔 웃던 그 모습은 지금 돌이켜보면 한 폭의 동화 같다. 어린 우리에게 그 풍경은 세상에서 가장 화려하고 순수한 놀이터였다. 복숭아나무 밑에는 덜 익은 풋복숭아가 널려 있었는데 이모께서는 그중 큰 것을 주워서 설탕 넣은 큰 솥에서 푹 삶아주셨다.

"얘들아, 복숭아 통조림처럼 달진 않지만, 이게 진짜 풋복숭아 맛이란다."

설탕을 넉넉하게 넣은 풋풋한 그 맛은 오직 이모네 집에서만 맛볼 수 있는 특별한 별미였다. 큰 상에 빙 둘러앉아 함께 먹던 그 시간의 풋복숭아 향기와 웃음소리가 한데 섞여 세상 무엇과도 바꿀 수 없는 행복이었다. 삶은 풋복숭아는 눈 깜짝할 사이에 다 사라졌지만, 그때의 웃음과 따뜻함은 지금까지도 내 마음속에 그대로 남아 있다. 이모의 손끝에서 전해지던 정성과 언니와 동생들의 환한 웃음, 그리고 풋복숭아 맛까지. 그 모든 것은 어린 날의 기억을 넘어, 지금의 나를 지탱해 주는 소중한 힘이 되었다.

어린 그때는 몰랐다. 그 평범한 하루하루가 얼마나 귀한 선물이었는지. 이제는 눈을 감으면 분홍빛 꽃바람 속에서 웃고 있던 아이들, 그리고 따뜻한 미소로 우리를 바라보던 이모의 모습이 선명하게 떠오른다. 그 기억은 세월을 넘어 내 가슴을 따뜻하게 울리고, 눈시울을 젖게 한다.

♡ 청미천의 연극

이모네 집에서 가까이 있는 작은외삼촌댁은 장날 전날이면 소와 주인을 재워 주는 장사를 했다. 아주 넓은 마당은 소와 사람들의 발걸음이 끊이지 않았다. 작은외삼촌과 작은외숙모는 돈을 많이 벌기 위하여 여념이 없으셨다. 용돈을 조금 주고 "나가서 놀아라." 하며 우리에게는 관심 두기 힘드셨다. 우리는 어른들이 눈을 피해서 많은 곳을 돌아다녔다. 둑 아래 청미천 모래사장에서는 천막을 치고 연극이 열렸다.

"오늘도 연극 보러 가자!"

언니들이 손을 잡고 이끌면, 나는 늘 졸졸 따라다녔다. 연극이 시작되면 세상은 순식간에 다른 세상이 되었다. 하얀 소복을 입고 피를 토하며 큰소리로

"이 어미의 원수를 갚아다오. 으 윽…!"

외치던 장면은 언제 보아도 가슴이 벅찼다. 그 순간은 마치 시간이 멈춘 것 같았다. 그러나 끝까지 보고 싶어도 나는 늘 언니들을 따라야 했다.

"가자, 많이 봤으니 집에 가자."

"나, 더 보고 싶은데…."

나는 속으로 아쉬움을 삼킨 채 언니들의 뒤를 따랐다. 지금도 연극의 끝부분 결말이 어떻게 마무리되었을까? 결말에 대한 궁금함과 여운이 남아 있는 한여름 밤 연극이다.

♡ 모깃불이 있는 저녁

외삼촌 댁에서 이모 집으로 돌아오는 날 저녁이면, 모기가 많아서 마당에 모깃불을 피워놓고 연기가 자욱해지는 마루에 온 가족이 둘러앉았다.

"자, 수박 먹어라. 시원하지?"

"이 복숭아도 먹어 봐라, 막 따온 거다."

수박 물이 입가에 흘러도, 복숭아즙이 팔꿈치를 타고 흘러도, 아무도 개의치 않았다. 웃음과 정겨운 이야기로 가득 찬 여름밤은 그 자체가 축제였다. 이모네 집에서는 늘 수제비 냄새가 났다.

"애들아, 오늘은 감자수제비다."

다음 날이 되었다.

"오늘은 김치수제비가 더 맛있겠다."

언니들이 수제비 반죽을 얇게 떼어 넣는 동안, 나는 옆에서 군침만 삼켰다. 그런데 이모는 늘 이종사촌 언니와 동생들에게 이렇게 말씀하셨다.

"애야, 꼬마 손님들이니 있는 동안 너희들이 다 양보해라."

"꼬마 손님들 먼저 먹어라."

이종사촌 언니는 그때마다 속상해서 눈물이 핑 돌곤 했다고 나이가 들어서 이야기했다.

"나도 더 먹고 싶은데…"

이모는 지금도 우리를 보면 엄마보다도 더 알뜰하게 따뜻하게 챙겨 주신다. 이모님의 마음은 자식도 귀하지만 엄마를 생각하여 우리를 더 챙겨 주신 것 같다.

이모님 항상 건강하세요!

저도 늘 이모님 사랑해요!

♡ 막둥이 아들에 대한 사랑

이모는 우리 엄마보다 남존여비 사상이 깊으셨다. 그때 당시 우리의 부모님 세대는 그러했기에 그것이 잘못이라 여길 수도 없었으며 그 마음이 향하는 곳은 언제나 하나뿐인 막둥이 아들이었다.

"어화둥둥, 우리 막둥이 예쁘지!"

이모의 입에서 흘러나오던 그 애정 섞인 말투가 아직도 귀에 생생하다. 언제나 막둥이 아들을 업고 다니시거나 손을 꼭 붙잡고 다니셨다.

마치 세상에 그 아이 하나만이 존재하는 듯, 이모의 사랑 가득한 눈빛은 늘 막둥이 아들에게 다정하게 머물렀다.

우리 눈에는 정말 이모의 세상은 온통 막둥이 아들을 위해 돌아가는 것처럼 보였다. 이모가 집을 비운 틈이면, 우리는 그 소중한 막둥이를 마구 끌고 다니며 놀았다.

울든 말든 이모처럼 달래주지도 않았으며 개의치 않고, 마음껏 아이처럼 함께 뛰어놀았다.

지금 돌이켜보면, 누나들의 행동에 막둥이는 속으로 무척 서러웠을지도 모르겠다. 하지만 이모에게 막둥이는 언제나 가장 아끼고 소중한 아이였고 우리에게는 그냥 동생이었다. 그렇게 유별나 보였던 사랑의 표현은 언니들과 여동생들에게는 차이가 아닌 차별로 다가왔을 것이다.

그러나 세월이 흐른 지금에서야 그 마음을 헤아릴 수 있다. 부모의 사랑은 열 손가락 깨물어 다 아픈 것이라 했지만, 늦게 태어나 어린 막둥이 아들에게는 특별히 더 애잔한 마음이 쏠렸을 것이다. 혹은 아들이라서, 혹은 늦게 태어난 막내라서, 아니면 두 가지 모두였을지도 모른다.

어쩌면 이모의 애정은 치우침이 아니라, 부모라면 누구나 품을 수밖에 없는 약한 마음이었을 것이다. 어린 막둥이를 바라보며 혹여 세상의 풍파에 흔들릴까, 혹여 건강을 잃을까, 혹여 자신이 곁에 없을 때 홀로 남겨질까….

그 걱정과 사랑이 다른 자식들보다 더 짙게 드러났던 것은 아닐까. 세월이 지나 이제야 깨닫는다. 그때 우리가 조금은 이해하지 못했던 이모의 마음은 결국 모든 자식을 향한 사랑의 다른 표현이었다는 것과 드러나는 모양은 달랐지만, 그 밑바탕에는 깊고 절절한 어머니의 마음이 깔려 있었다는 것을 알 것 같다.

♥ 자매의 정

다행히 우리 부모님은 차별 없이 우리 형제자매 모두를 고르게 사랑해 주셨다. 그래서 우리는 누구도 소외되지 않고 따뜻한 품 안에서 성장할 수 있었으며 지금 돌아보면 얼마나 큰 축복이었는지 모른다.

우리 이모는 어려서부터 일본어에 능통했고 학교 다닐 때부터 유난히 외국어에 관심이 많았으며 지금도 길거리의 외국어 읽는 것에 관심이 많으시다.

외할머니께서는 막내딸인 이모를 곁에 두고 이것저것 다 가르치셨다고 한다.

덕분에 이모는 남다른 재능을 펼칠 수 있었고 또 외할머니의 각별한 보살핌 속에 성장하였고 엄마는 그런 이모를 의지하였고 힘겨운 살림살이와 아이들 키우기의 고단한 일상에서 엄마 곁에서 버팀목이 되어 주셨다. 그런데도 나는 어린 마음에 가끔 이런 생각을 하곤 했다.

'엄마가 이모께 조금만 더 친절하게 대해주시면 좋을 텐데…'

때로는 우리 가족을 알뜰살뜰 챙겨 주시는 이모를 엄마가 서운할 만큼 야단치실 때도 있었다. 지금 생각해 보면 그것은 야속한 꾸중이 아니라, 오히려 엄마의 하소연이었을 것이다.

감당하기 버거운 삶의 무게를, 믿을 수 있는 가장 가까운 동생인 이모에게 쏟아낸 것이었을 터이다. 우리 이모는 큰오빠를 업어 키워 주셨다. 어린 시절의 오빠를 등에 업고 다니며, 엄마 곁에서 집안일과 양육을 함께 하셨다. 그렇게 이모는 단순히 엄마의 여동생이 아니라, 우리 가족의 또 다른 어머니 같은 존재였다.

힘겹던 시절, 엄마와 함께 울고 웃으며 삶의 무게를 나눠서 지셨던 이모는 그래서 내 기억 속에 언제나 든든하고 따뜻하다.

가끔은 엄마보다 더 세심하게 챙겨 주시던 손길, 말없이 내 등을 토닥여 주시던 온기, 그리고 힘들 때마다 꺼내 먹을 수 있는 마음의 양식 같은 분으로 남아 있다.

세월이 흘러 이제는 그 모든 장면이 눈물겹게 다가온다. 내가 몰랐던 엄마의 고단함, 그리고 묵묵히 그 곁을 지켜 주던 이모의 헌신이 마음을 울린다.

어린 시절의 나는 단순히 언니, 동생, 친척으로만 보았지만, 이제는 안다. 이모는 내 삶을 키워낸 또 한 분의 어머니였다. 그 따뜻한 존재가 있었기에, 우리 집안은 무너지지 않고 버틸 수 있었다. 그리고 그 사랑 덕분에, 나는 지금도 세상 어디서든 흔들리지 않을 수 있다.

풋복숭아 맛

이모네 마당에 들어서면
"어서 오너라"
웃음이 복숭아 향처럼 번졌다.
봄이면 과수원에 분홍 구름 같은 복숭아꽃,
여름이면 풋복숭아에 설탕을 넣어
삶아주던 푸릇한 맛―
그 맛은 오직 이모네 여름방학에서 만났다.
저녁이면 모깃불 피워놓고
언니들이 끓여주는 김치수제비는 최고의 별미
그릇마다 웃음이 넘쳤다.

청미천 둑 아래 천막 연극에
피를 토하며 쓰러지는 장면에서 시간이 멈췄다.
끝까지 보고 싶었지만, 언니들 따라 중간에 나와야 했던
그날 저녁의 바람 냄새가 아직도 남았다.

풋복숭아 맛처럼 덜 달고, 약간 쌉싸래하지만,

그 안에 꼭꼭 숨은 여름의 진심.

이모네 마당과 과수원, 그 기억이 내 마음속에서

해마다 다시 익어간다.

제 3 화

가을바람이 데려온 기억

가을은 우리에게 묻습니다.
"당신이 그리워하는 것은 풍경인가,
아니면 그 풍경 속에 머물던 마음인가?"

밥 냄새가 그리운 날에

푸른 하늘은 드높고, 코스모스가 흩날리는 시골길은 여전히 한가롭지만 아름답다. 초등학교 시절에 동네 친구들과 어르신들이 꽃길 가꾸기를 하기 위하여 길 양쪽에 코스모스를 심었다. 꽃 옆에는 작은 돌을 줄지어 놓아 꽃을 다치지 않게 하였던 기억이 난다. 동네 길을 다닐 때마다 그 추억이 새록새록 떠오른다.

이 길 어디에도 함께 어울려 놀았던 친구들과 함께 꽃길을 가꾸었던 우리 아버지의 발자취가 남아 있지 않다. 나의 그리움은 더 깊어지고, 기억은 더욱 선명해지는 이 길을 지금도 다니며 아버지와 함께 코스모스를 심었던 추억에 잠기기도 한다.

'아버지 사는 세상에 다녀오면 어떨까?'
아버지와 함께했던 모든 순간이 그립고 또 그립다.

아직 해가 뜨기도 전의 부엌에서는 소곤소곤 두런두런 소리가 들려왔다. 엄마와 아버지가 이야기를 나누며 풋콩을 까고 계셨다.

나는 이불 속에서 졸린 눈을 비비며 귀를 기울였다. 무슨 이야기를 나누시는지는 몰라도, 그 목소리는 언제나 포근한 자장가 같았다.

"여보, 올해 콩 농사가 잘되어야 할 텐데요."

"그럼, 우리 아이들 입에 밥숟가락만 잘 들어가면 그게 복이지." 엄마와 아버지는 그렇게 소소한 이야기로 하루를 열었다.

나는 속으로 '조금만 더 자야지' 하며 눈을 질끈 감았지만, 이내 부르는 소리에 이불을 걷어내며 잠자리에서 일어나야 했다.

"얘들아, 아침 식사하고 부지런히 학교 가야지!"

갓 지은 밥 냄새와 된장국의 구수한 향기가 벌써 콧속에 가득 차올랐다. 나는 마지못해 일어나 세수하고 밥상 앞에 앉았다.

그날 밥상에는 윤기 나는 흰 쌀 사이로 박힌 콩알이 마치 작은 얼룩 별빛처럼 반짝반짝 빛났다.

"와, 내가 좋아하는 강낭콩밥이다."

"그래, 네가 좋아하는 거잖아. 감자도 넣었어. 먹어 보렴."

"진짜 맛있어요!"

나는 밥숟가락을 가득 더 입에 넣으며 함박웃음을 지었고 엄마는 내 모습을 보며 흐뭇하게 웃으셨다. 초여름이면 강낭콩밥과 초록별처럼 반짝이는 완두콩 밥도 자주 해주셨다.

"엄마, 초록 완두콩은 왜 이렇게 예뻐요?"

"예쁜 완두콩 밥 많이 먹거라."

엄마는 늘 음식에도 이야기를 담아내셨다. 밥상은 늘 배부름뿐 아니라 마음마저 따뜻하게 채워주는 자리였지만 나는 늘 적은 양을 먹어서 부모님 걱정이 태산이었다.

"아이고, 새 모이만큼 먹고 무슨 힘이 나겠니."

아버지께서 한마디 던지면, 엄마께서도 잔소리를 보태셨다.

"그러니까 친구들이 새다리 갱이라고 놀리지. 더 먹어야지!"

나는 시무룩하게 대답했다.

"아주 많이 먹었어요. 더 먹으면 배가 불러서 뛰어놀기 힘들어요."

그러자 아버지께서 껄껄 웃으셨다.

"밥을 잘 먹어야 잘 놀 수 있고 공부도 잘하는 거다."

나는 고개를 끄덕이며 참기름과 간장을 넣어 비벼 김에 싸서 억지로 한 숟갈 더 먹었다. 지금 생각하면 한여름 날의 제철 먹거리 맛은 늘 특별했다. 갓 쪄낸 옥수수의 달콤한 향과 밭에서 바로 나온 포슬포슬한 감자의 구수한 맛이 일품이다. 싱겁지만 아삭하게 씹히던 덜 노란 참외, 그리고 달지 않아도 시원하게 속을 채워주던 수박 맛을 잊을 수가 없다.

"엄마, 이 참외는 왜 노랗지 않아요?"

"덜 익어서 그렇지. 그래도 네 입에 들어가면 세상에서 제일 싱싱하고 맛있는 참외일 거야."

엄마의 말처럼, 그 참외는 세상 어디에도 없는 특별한 맛이었다. 여름 저녁, 밭에서 돌아온 아버지가 땀을 닦으며 말씀하셨다.

"오늘도 옥수수가 잘 영글었더구나. 내일 저녁에 따서 삶아 먹자꾸나."

나는 두 눈을 반짝이며 대답했다.

"정말요? 그러면 내일 저녁에는 꿀맛 옥수수 먹을 수 있겠네요!" 그날 밤 나는 옥수수 생각에 가슴이 설레서 좀처럼 잠이 오지 않았다. 어린 마음에 종종 이런 생각도 했다.

"만약 매일 감자와 옥수수, 참외, 수박이 나는 곳에서 살 수 있다면 얼마나 행복할까?"

지금 돌이켜보면, 그 소박한 바람이야말로 인생에서 가장 큰 행복이었다. 이제는 여름 밥상을 떠올리면, 단순한 음식의 기억이 아니라 그 속에서 함께 웃고 나누던 가족의 목소리가 먼저 들려온다. 엄마의 목소리와 아버지의 웃음소리 그리고 그때의 말들과 웃음과 침묵까지— 모두 내 안에서 아직도 따뜻하게 숨 쉬고 있다. 그 온기가 내 마음을 여전히 밝힌다.

엄마의 밥상

이른 새벽, 엄마와 아버지의 소곤거림이
콩 껍질 사이로 흘렀다.
무슨 이야기일까?
그 속삭임은 갓 지은 밥 냄새처럼 따뜻하게 스며왔다.
얼룩덜룩 강낭콩밥 위에 포슬포슬한 감자가 앉아 있고,
초여름이면 연둣빛 완두콩이 하얀 쌀밥 위에
"나 여기 있어요."
고운 점을 찍었다.
포슬포슬 삶은 감자, 갓 찐 옥수수의 달콤함,
밍밍하지만 아삭했던 덜 노란 참외,
싱그러운 오이와 가지까지
우리 엄마 밭은 여름 반찬을 매일 차려냈다.

많이 먹지 않는다고
"새다리 갱이"라 놀리던 친구들, 그러나 나는 알고 있었다.
그 한 숟가락의 맛이 내 여름을,
내 어린 날을 평생의 그리움으로 익혀준다는 걸.

이제 무더운 계절이 오면 나는 다시 그 밥상 앞에 앉는다.

완두콩 빛과 감자 빛이 고운 그 자리에서

엄마와 아버지의 소곤거림을 마음속으로 또 듣는다.

고구마밭 추억이 오늘을 흔든다

하늘이 바뀌는 그림 속에 산등성이가 부드럽게 물들고 그 아래 고구마밭은 햇살을 받아 은은하게 빛나며 밭 주인을 기다린다.

고추잠자리, 실잠자리, 왕잠자리 푸른 가을 하늘에서 헤엄치듯 날고 낮게 풀에 쉬고 있는 잠자리에 막대기를 갖다 대면 살포시 앉는다. 그 잠자리 잡으려 하니 멀리 날아가 다시 오길 기다리지만 언제 오려나 기다림에 지칠 무렵 푸른 하늘 높이 날아다니는 잠자리를 구경하며 가다 보면 봉산골 가장 높은 산등성이에 우리 집 고구마밭이 보인다.

지금은 온갖 잡초와 나무가 빼곡하여 아무도 가지 않는 밭이 되었지만, 그 시절 우리 가족의 땀과 웃음이 스며든 밭이었다. 이른 아침, 아버지는 지게에 무거운 짐을 지시며 말씀하셨다.

"얘들아, 오늘은 힘들 거다. 하지만 우리가 다 함께 가니 금세 끝날 거야."
나는 멀리 있는 밭에 고구마를 꼭 심어야 하나 묻곤 했다.

"아버지, 왜 이렇게 멀리 있는 밭에 고구마를 심어요?"

아버지는 땀방울을 닦으며 웃으셨다.

"멀리 있어도 우리에게는 소중한 땅이란다. 이 밭이 우리 겨울 간식을 책임져 줄 거야."

밭머리 샘터에서 엄마는 물을 떠 오시며 우리를 불렀다.

"얘들아, 와서 시원한 물 좀 마셔라."

작은 도랑의 가재도 보고 차갑고 맑은 샘물을 먹으면, 온몸에 힘이 솟았다. 그 순간만큼은 고구마밭이 고생의 밭떼기가 아니라, 가족이 함께 웃는 놀이터 같았다. 가을이면 다시 봉산골로 향했다. 고구마를 캐는 날이었다. 호미와 삽날이 땅을 가르자, 굵고 커다란 고구마들이 줄줄이 모습을 드러냈다. 나는 속으로 중얼거렸다.

"작은 고구마만 나왔으면 좋겠는데…."

그때마다 아버지는 묵직한 고구마를 들고 웃으셨다.

"이렇게 큰 게 나와야 추운 겨울이 든든하지 않겠니?"

해 질 무렵, 아버지는 무거운 고구마 지게를 지고 산길을 내려가셨다. 나는 어린 마음에 걱정스레 물었다.

"아버지, 힘드시죠? 너무 무거운 거 아니에요?"

그러자 아버지는 잠시 걸음을 멈추고 뒤돌아보며 말씀하셨다.

"너희가 이렇게 함께 있어 주니, 무거운 지게가 어깨를 든든하게 하는구나." 아버지의 말씀이 끝나자 셋째 오빠는 '아버지와 엄마를 기쁘게 해

드리자'며 우리가 모두 고구마를 힘껏 많이 많이 들고 가자고 하였다.

그 말은 아직도 내 가슴에 남아 떠난 시간의 기억을 불러온다.

아버지의 지게에는 고구마만 담겨 있던 것이 아니었다. 자식에 대한 사랑, 가족을 지키려는 책임, 그리고 우리 모두의 겨울이 함께 실려 있었다. 겨울밤, 윗방 구석에서 꺼낸 고구마를 군불에 구워 먹을 때면 엄마는 늘 말씀하셨다.

"이 맛은 여름 내내 흘린 땀 맛이야. 아버지께서 지게로 서너 번 다니신 수고로움이 이 단맛으로 변한 거란다."

그러면 우리는 고구마를 한입 베어 물며 웃곤 했다.

"엄마, 아버지 덕분에 우리는 겨울에 군고구마, 찐 고구마 실컷 먹고 좋아요."

그 따뜻한 말 한마디에, 우리 집은 겨울의 추위조차 잊게 만드는 사랑으로 가득 찼다. 이제 봉산골 고구마밭은 나무가 무성하게 자라 밭의 모습은 사라지고, 아버지의 지게와 우리 웃음소리도 더는 들리지 않는다. 그러나 내 마음속에는 여전히 그날의 웃음과 아버지의 굳센 발걸음이 살아 있다.

사랑은 무겁지 않다는 아버지의 말씀처럼, 그 시절의 기억은 세월이 아무리 흘러도 내 어깨를 따뜻하게 감싸고 있다. 그때 고구마밭 추억이 떠난 시간의 기억을 불러 나의 오늘을 흔든다.

고구마밭과 지게

우리 가족의 웃음이 묻힌 고구마밭
논둑을 지나, 숨이 찰 만큼 가파른 오르막을 올랐다.
그 지게에는 고구마보다 더 무거운
사랑과 책임이 실려 있었다.

고구마밭 작은 도랑의 맑은 물은
아버지의 손길에 길을 트고
우린 즐겁게 보랏빛 고구마를 힘껏 캤다.

그때 오빠가 말했다.
'아버지와 엄마를 기쁘게 해 드리자.'
우리 모두 고구마를 힘껏
많이 많이 들고 가자
그 말은 아직도 내 가슴에 남아
떠난 시간의 기억을 불러온다.

보름달이 차오르면 그리움 가득

가을은 추억의 수채화처럼 한 폭 한 폭 마음에 스며들고 그 위에 추석의 정겨운 웃음과 풍요로운 향기가 더해져 지나간 시간마저 따스하게 되살아난다. 황금빛 벼가 고개를 숙이고, 마을마다 추석 준비로 분주한 날들이었다. 추석을 앞두고 송편을 빚는 날이면, 동네 아주머니들이 몇 분 우리 집에 모였다.

정록이 어머니, 안 씨 아주머니…. 모두 한자리에 모여 도란도란 이야기를 나누며 떡 반죽을 만들고 반달 모양의 송편을 빚었다. 아이였던 나는 그저 옆에서 구경하거나 송편 반죽으로 장난을 치며 어른들의 손길을 바라보았다. 그날도 한참을 예쁜 송편을 빚고 남은 반죽이 있었다. 엄마는 그것은 보자기를 덮어 함지 그릇에 담아 두셨다. 식사를 마친 뒤 다시 송편을 빚으려던 엄마는 깜짝 놀라셨다.

"어머? 쌀 반죽이 없어졌어! 누가 본 사람 없느냐?"

"희한하다. 분명히 남아 있었는데…."

엄마는 부엌과 마루를 오가며 찾으셨다. 그러나 끝내 반죽은 보이지 않았으며 시간이 지나서, 엄마께서는 대문 밖 창고에 다녀오시다가 두엄자리에 흰 공 같은 것을 발견하셨다. 가까이 가서 보니 그것은 다름 아닌 흰 공처럼 생긴 둥근 송편 반죽이었다. 깜짝 놀라신 엄마는 우리 형제들을 불러 세우셨다.

"송편 반죽을 엄마 몰래 버린 사람 누구냐? 어서 말해라. 솔직히 말하면 용서한다."

그러나 우리는 모두 말이 없었다. 그날의 송편 반죽은 그렇게 미스터리로 남았으며 세월이 흐르고, 우리는 다 자라 어른이 되었다. 어느 날 엄마와 함께 옛이야기를 나누던 자리에서 그 일이 다시 화제로 올랐다.

"엄마, 그때 반죽 도대체 누가 버린 거예요?"

"엄마께서는 누군지 아시지요?"

엄마는 빙긋이 웃으셨다.

"엄마가 너무 힘들어 보여서… 떡을 줄이면 덜 고생할 것으로 생각하였대."

니는 그런 대견한 생각을 한 효자? 효녀는 누구일까? 궁금하였다.

"정말이야? 그냥 장난친 줄 알았는데…."

"그때는 속상했지만, 지금 생각하면 참 기특하지. 어린 마음에도 엄마를 걱정했으니 말이다."

그 순간 나는 깨달았다. 버려진 반죽은 평범한 음식이 아니었고, 그것은 엄마의 힘겨움을 덜어주고 싶었던 어린아이의 서툰 마음이었다. 흰 공 모양의 송편 반죽은 세월 속에서 사라졌지만, 그 마음만은 오래도록 우리 가족의 가슴에 남았다. 송편 반죽 하나에 담긴 사랑. 그것은 세월이 흘러도 잊히지 않는 우리 집만의 소중한 추석 이야기였다.

송편 반죽에 담긴 이야기

앞산에 밤송이가 떨어지고
들판은 황금빛 물결로 출렁이던 날
우리는 송편을 빚었다.
엄마의 손, 아주머니들의 웃음 속에
쌀 반죽은 고요히 숨 쉬고 있었는데—
어느 순간, 그 반죽이 사라졌다.

"본 사람 없느냐?"
엄마의 목소리가 마루 끝에 흩날렸다.
세월이 흘러, 흰 공 같은 반죽이
두엄자리에 남겨져 있었다는 걸
엄마는 말씀하셨다.
그리고 더 뒤늦게야 알았다.

엄마 힘겨움 덜어주려 반죽을 몰래 버린
작은 손길이 있었다는 것을
버려진 반죽 하나에 담긴 사랑은

서툰 사랑의 표현이었다.

그 마음은 추석 송편처럼 정겹다.

오롯이 만날 다섯 번째 계절

별빛보다 눈부셨던 첫날

어릴 때 엄마와 함께 동네에서 멀리 있는 밭에 갔다가 큰길로 가지 않고 조금이라도 빨리 집에 갈 수 있는 논두렁 길과 밭두렁 길을 걸었다. 논두렁 길은 고개 숙인 벼 이삭이 길까지 가득했고, 온 들판은 노란 황금빛 평야였다.

'쌀농사가 잘되면 모두가 부자가 되겠지.'

하는 생각이 문득 스쳤다. 논두렁을 지나 고구마밭과 땅콩밭이 이어졌다. 우리 동네 앞은 논과 밭으로 꽉 차 있고 농촌의 숨결이 고스란히 배어 있는 사람 냄새와 흙 내음이 어우러진 정겨운 시골 마을이었다. 한때는 굴뚝에서 피어오르는 연기가 이웃의 따뜻한 저녁상을 알렸고, 마을 어귀 느티나무와 넓은 마당이 있는 곳에서는 어김없이 아이들의 웃음소리가 파도처럼 물결쳤다. 시간이 느리게 천천히 흐르는 듯 우리 동네가 바로 농촌의 모습을 간직한 시골 마을이었다.

동네 입구에 거의 다다랐을 때, 눈앞에 펼쳐진 광경은 놀라웠다. 우리 마을이 반짝이며 환하게 빛나고 있었다. 이렇게 환한 밝음을 처음 본 나는 신기한 마음에 서서 한참을 바라보았다.

며칠 전부터 아버지께서

"우리 동네에도 곧 전깃불이 들어온다."라고 말씀하셨는데, 그날이 바로 오늘인가 보다. 세상 온 천지가 환하고 대낮처럼 환하여 모든 사물이 선명하고 또렷하게 보였다.

우리 집 마당에 들어서니 집집마다 마을 골목마다 대낮처럼 밝았다. 집 안에 들어가니 마루에도 각 방에도 환한 전구가 걸려 신세계 같은 빛을 뿜어내고 있었다. 참 좋은 세상, 밝은 세상이 되었다. 동네 어르신들은

"이장님 덕분에 우리 마을이 이렇게 전기가 들어왔다."

라며 아버지를 칭찬하셨다. 아버지는 이장도 하시고, 우리 학교 육성회장도 맡으셨으며, 농협과 산림조합의 이사까지 지내셨다.

여러 감투를 쓰시느라 술자리에 자주 불려 다니셨고, 그 때문에 엄마는 아버지의 건강 걱정에 늘 노심초사하셨다.

나는 문득 어두운 부엌 광이 떠올랐다. 엄마께서 기름이나 떡을 가져오라 하시면, 부엌 광 속에서 깜장 귀신이 나올 것 같아 물건을 들자마자 후다닥 뛰쳐나오곤 했다.

어둠이 가득 찬 그곳에는 설겅이에 돼지고기 다리가 걸려있기도 하고 명절 때는 여러 종류의 음식들이 가득했다. 어린 시절 부엌 광은 캄캄해서 언제나 두렵고 들어가기 싫은 곳이었다. 그런데 오늘은 달랐다.

부엌 광에도 전구가 환히 켜져 있었고 그 빛은 단순히 어둠을 몰아낸 것이 아니라, 내 어린 마음속 두려움까지 지워주고 있었다.

그날, 우리 마을은 비로소 어둠에서 벗어났다.

전기가 들어온 그날 전구의 반짝임은 눈이 시리도록 밝아서 지금도 내 마음속에 빛나는 기억으로 남아 있다.

전기가 들어오고 얼마 지나지 않아 우리 집에 텔레비전이 설치되었다. 텔레비전은 마루에 놓았고 저녁때마다 동네 친구들과 어르신들이 삼삼오오 오셨다. 우리 가족은 저녁 시간이 매우 바빴다. 부지런히 저녁 식사를 마치고 마당에 모기향 피우고 멍석도 깔고 작은 마루도 옮겨놓아야 했다. 그때는 모든 사람이 가족 같았다.

어린 조카는 텔레비전을 보다가 화장실 갈 때마다 텔레비전을 끄고 갔다.

"잠깐만 기다려…."

이유는 텔레비전을 끄면 영상이 멈출 것으로 생각했기 때문이란다. 우리 모두 어리둥절하여 꺼진 텔레비전을 보고 웃어야 했다.

환하게 비추던 첫날

낯선 환희가 나를 멈춰 세웠다.
밤하늘보다 먼저 빛난 건
골목마다 깜박이던
작은 별 같은 전깃불

며칠 전 아버지의 말씀이 떠올랐다.
"곧 전깃불이 들어온다."
그 말은 오늘
마을의 어둠을 밀어냈다.

부엌 광,
늘 무섭던 그 어둠이
처음으로 환히 웃었고
빛이 두려움도 없앤다는 걸 배웠다.

전깃불 하나 켜진 그 밤
세상보다 먼저 밝아진 건

내 마음 한구석

작고 오래된 어둠이었다.

제 4 화

눈 속에 보이지 않는 것이 더 깊다

겨울의 첫눈은 말없이 속삭입니다.
"사라진 것은 순간이지만,
잊히지 않는 것은 사랑이었다."

설날 즈음 동네 방앗간

지금은 공터가 되었지만 아주 큰 방앗간이 동네 가운데 자리 잡고 있었다. 동네 모든 볏가마가 모이면 방앗간 천장까지 높이 높이 쌓아놓았다. 볏가마를 너무 높게 쌓아서 놀라곤 했다. 매년 겨울이 되고 설 명절쯤이 되면 몇 날 며칠 새벽, 엄마께서는 가래떡 쌀 담그시고 쑥떡 재료 손질하시어 온 가족, 온 친척들이 먹고 챙겨드릴 음식 준비로 분주하셨다.

그해도 어김없이 엄마는 혼자서 정신없이 바쁘셨다. 새벽부터 기차처럼 김을 뿜어내는 방앗간에는 많은 집들이 저마다 불린 쌀을 담은 큰 그릇 줄이 길게 늘어서 빨리 차례가 오기를 기다렸다. 우리 떡쌀을 지키고 있으려니 너무 싫었지만 그래도 서서 떡 나오는 구경을 하고, 떡이 나오면 어느 집 아주머니께서 손으로 기다란 가래떡을 잘라 조금씩 맛보라고 주셨다.

김이 모락모락 나고 물렁물렁하며 쫄깃쫄깃한 가래떡에 입이 즐겁다. 떡 맛에 홀딱 반해 기다리던 시간도 어느새 지나가고 줄이 짧아짐에 기쁘게 엄마를 기다렸다.

"엄마, 우리 집 쌀이 제일 많아. 조금만 하지, 원래 이렇게 떡을 많이 하는 건가요?"

"이 집, 저 집 주어야지, 우리만 먹을 수 없단다."

우리 집 가래떡은 다른 집의 두 배는 넘는 것 같았다.

"쑥떡도 많은데…."

고슬고슬한 가래떡 밥을 방앗간 떡 기계가 마구마구 길게 길게 뽑아내면, 엄마는 연신 크나큰 그릇에 담아내셨다. 우리 엄마를 잘 도와주는 힘센 작은엄마나 누가 와서 도와주면 좋으련만, 엄마는 혼자서 다 해내셨다. 엄마는 해야 할 일이 너무나 많았다.

내가 도울 일은 지루하고 재미없는 일이었지만, 엄마 옆에 서서 기다려 주는 일밖에 없었다.

설 명절에 먹을 가래떡이 굳어지면 아버지께서 작은 떡 작두로 가래떡을 둥글게 써셨다. 쑥떡은 색깔이 검은빛이어서 맛없어 보였지만, 그냥 먹어도 맛있고 구워 먹어도 맛난 떡이었다. 어린 시절 먹어서인지 요즘도 쑥떡을 참 좋아한다. 설 명절 전날 늦은 시간에 작은아버지께서 얼기설기 엮은 빨간 사과 바구니 하나를 들고 오셨다. 설 차례는 아버지와 작은아버지 두 분과 우리 가족 모두 함께 지냈다. 아침 차례를 지내고 식사 끝날 무렵이면 사촌 오빠, 언니들 그리고 작은어머니께서 오셨다. 또 엄마는 대접할 식사를 차리셨다. 명절 때마다 늘 늦게 오시는 작은어머니는 진짜 손님 같으셨다. 작은어머니는 엄마께 '형님이 제일 좋다'고 말끝마다 말씀하셨다.

왜 엄마께서 일하는 것은 당연하다고 생각했던 걸까?

제일 좋으시면 엄마 좀 도와드리면 좋겠다는 생각을 어린 나이에도 자꾸자꾸 하곤 했다. 그래도 엄마께서는 결혼하고 작은어머니와 함께 살았던 시절이 행복했다고 하셨다. 서로 어린 나이에 시어머니를 일찍 여의고 의지가 많이 되었으며, 둘이 함께 봄에는 나물 뜯고 여름에는 밭일 같이하고, 가을에는 가을걷이하고, 겨울에는 뜨개질과 바느질하면서 친구처럼 지냈다고 하셨다. 작은아버지와 작은어머니는 시골에서 오랫동안 같이 사시다가 원주에 국수 공장을 차려 운영하시다가 다시 서울로 이사하여 이런저런 일을 하실 때마다 아버지께서 늘 살펴 주셨다고 했다.

지금은 우리 엄마만 살아계시고 아버지를 비롯하여 모두 먼 하늘나라로 떠나셨다. 나의 어린 시절에 작은 집은 쌀과 많은 부식을 챙겨서 방학 때 서울 나들이를 가는 곳이기도 했다.

작은 집에 가면 사촌 오빠, 언니들과 사동차노 낳고 사람도 많은 골목골목을 누비며 많이도 뛰어다녔다. 밤이 깊어져 가면 서울의 불빛은 환하여, 하늘을 보다가 불빛을 여러 번 바라보았던 기억이 있다. 작은댁에게서 지내다 보면 방학이 짧다고 느끼기도 했지만, 작은어머니의 얼굴 모습은 우리가 올 때보다 매우 지치고 힘들어 보이곤 했다.

작은 집에서 다시 사촌 언니, 오빠들과 버스를 타고 우리 집으로 왔다. 나는 우리 집이 좋았다. 넓은 마루와 봉당, 마당과 방 여러 개가 있어서 놀기에 나는 좋았지만, 이제부터 우리 엄마는 사촌과 우리 모두를 챙기셔야 했다. 그때는 엄마가 많은 아이들 때문에 힘드셨을 텐데, 무엇 하나 도와드린 일이 거의 없어 후회스럽다.

"엄마, 힘드시지요?"

"도울 일 있을까요?" 하고 자주 고생하신다고 말 한마디 한 적이 없었던 나는 참으로 철부지였다.

시골은 어린 우리가 놀기에는 서울보다 넓고 마음이 편했다. 넓은 논 바닥 얼음판에서 썰매를 타기 위해 아버지께서 직접 썰매를 만드셨다. 나무판자에 칼날 두 개를 못 박아 썰매를 완성하고, 손잡는 나무막대기에 못을 박아 꼬챙이 두 개를 만드셨다. 오빠들은 스케이트를 탔는데, 아버지께서 제일 좋은 검은색 스케이트를 사촌 오빠만 사준 것에 대한 의문은 지금까지 해결되지 않고 있다. 왜 아버지는 사촌 오빠에게 반짝이는 칼날의 검정 구두 스케이트를 사주었을까?

우리 친오빠들을 사주는 것이 당연한 것 아닌가 싶었다.

매일매일 모자 쓰고 벙어리 장갑 끼고 외투 입고 만반의 준비를 하고 스케이트, 썰매, 말타기, 숨바꼭질로 집안의 모든 이불은 방마다 널브러져 있었다. 밤늦게까지 잠을 자지 않는다고,

"얼른 자라."

하는 소리에도 이불 속에서 키득거리며 놀거나, 모두 이불 뒤집어쓰고 머리만 내밀고 늦은 시간까지 영화를 보았다. 눈이 오고, 다음 날 햇살이 따스하게 퍼지는 날에는 처마 밑에 앉아 고드름에서 물이 떨어지는 구경도 하고, 오빠들이 고드름을 따서 총싸움을 하기도 했다. 마당, 뒤뜰, 장독대 위에 쌓인 하얀 눈도 우리의 장난감이었다. 지금 생각하면 방학 기간은 천국이었다.

어느 날에는 엄마와 함께 청미천의 동그란 구멍 숭숭한 다리를 바들바들 떨면서 건너 먼지가 폴폴 날리는 신작로를 걸어 오일장에 갔다. 가는 길에 집이 아닌 움막 같은 곳에 있는 구걸하는 사람도 몇 명 보였고, 하늘 높이 솟은 긴 전깃줄과 큰 전봇대를 올려다보면 어지러웠다. 오일장에 도착하여 뻥튀기 기계 옆 깡통에 옥수수, 쌀, 가래떡 말린 것 등을 차례차례 줄지어 놓았다. 뻥튀기 아저씨께서

"귀 막아요!"

하고 소리치면, 귀를 꼭 막자마자 뻥 소리와 함께 하얀 김과 뻥튀기 옥수수가 하늘로 날아올랐다. 뻥튀기 기계 주변의 옥수수를 주워 먹기도 하고, 아저씨께서 주시는 뻥튀기를 먹다 보면 우리 차례가 되었다. 뻥튀기 기계의 큰 입에 옥수수를 넣고 튀기고, 그다음은 쌀을 넣고 튀기고, 또 그다음에는 가래떡 말린 것도 튀겼다. 오늘 튀겨온 뻥튀기는 입에서 살살 녹았으며 몇 자루의 간식이 뒷방에서 우리들을 행복하게 했다. 한겨울 내내 뻥튀기와 군고구마, 군밤 등을 먹고 식사는 김치볶음밥

을 자주 먹었다. 반찬이 다양하지 않은 그때는 매일매일 꼭 배추김치, 동치미, 달랑 무 총각김치 등을 먹었다. 개학이 가까워져 오면 학교 갈 준비로 숙제도 하고, 밀린 일기의 날씨를 채우려니 곤란하였고 매일 놀았기에 '매일 놀았다'라고만 쓸 수 없어 내용 쓰는 일이 큰 곤욕이었다. 몇 날 며칠 배 깔고 따뜻한 아랫목에서 숙제와 일기 쓰기를 가까스로 마치고 나면 학교에 가는 날이 되었다. 나의 어린 시절에는 친척도 자주 만나고 사람의 향기가 가득했다. 그 시절 그 추억을 바람이 기억을 불러 올 때가 있어 행복하다.

가래떡 사랑 이야기

겨울 아침, 김이 모락모락 떡방앗간
천장까지 쌓인 볏가마 사이로
가래떡처럼 길게 이어지던 엄마의 손길
그 온기가 내 유년을 따뜻하게 하고

"우리만 먹을 수 없단다."
엄마는 쌀보다 넉넉한 마음을 찧고
사랑보다 먼저 나눔을 뽑아내셨다.
떡 작두 위에서 가래떡은
동글동글 떡국떡이 되어
만두 만날 때를 기다린다.

웃음 쏟아지던 이불 속
눈 내린 아침의 고드름까지
모두가 하나 되어 엮이던 명절의 풍경
그 중심엔 말없이 버티던 엄마가 계셨다.

그날의 따끈한 가래떡은

엄마의 땀, 숨결, 그리고 사랑이었다.

첫눈에 마음이 설레는 것은

첫눈이 많이 오고 매서운 추위가 이어졌고 얼마 후 나는 중학교를 졸업하자마자 설레는 마음을 갖고 서울로 갔다. 그곳에는 둘째 오빠와 새언니가 살고 있었다. 어린 마음에 서울 가면 꼭 해보고 싶은 일이 많았다. 가보고 싶은 곳도 가고, 보고 싶은 것도 보고, 맘껏 구경하며 마음껏 누리고 싶었다.

지금 돌이켜보면 내가 참 미성숙하고 이기적인 행동을 하였다. 혼자가 있는 것도 벅찬 일인데, 나는 친구까지 데리고 갔다. 맞벌이로 바쁘게 출근하는 오빠와 언니로서는 얼마나 기가 막히고 난감했을까?

그런데도 내색하지 않고 우리를 따뜻하게 맞아준 그 마음이, 세월이 흐른 지금에야 대단히 깊은 사랑이었음을 알게 되었다. 오빠와 언니가 출근하면 나는 친구와 놀고먹는 생활을 하였으며 얼마 후 친구가 집으로 돌아간 뒤에는 혼자서 서울 구경을 다녔다.

대학교 캠퍼스를 거닐며 대학생이 된 듯한 기분을 느꼈고, 발길 닿는

대로 돌아다녔다. 어린 시절의 호기심과 들뜬 마음은 낯선 도시마저도 설렘으로 가득 채워주었다. 어느 날은 신촌으로 나들이를 나갔으며 식사도 하고, 어느 여대 앞 줄지어 늘어선 구두 가게에도 들어갔다.

그곳에서 나는 고등학교에 입학하면 신게 될 검은 구두를 맞추었고, 새언니는 나에게 교복도 챙겨 주셨다. 넉넉하지 않은 살림에도 나를 위해 이것저것 아낌없이 챙겨 준 새언니의 손길이 지금도 내 마음에 남아 감동의 울림을 주었다.

그때는 그저 당연한 듯 고마움도 표현하지 못했지만, 세월이 흐르고 나서야 그 시절 없는 돈에도 불구하고 나를 챙겨 주던 마음을 깊이 체감한다. 단순한 의무감이었을까?

아니면 어린 동생을 향한 순수한 사랑이었을까? 나는 이제 확신한다. 그것은 분명 '사랑'이었다. 새언니의 배려와 정성은 단순한 형식이 아닌 진심에서 비롯된 것이었다.

돌아보면 그날의 맞춤 구두 한 켤레, 교복 한 벌에는 돈으로는 다 헤아릴 수 없는 마음이 담겨 있었다. 세월이 흘러 어릴 때의 추억은 멀어지고, 있으나 마음속에는 여전히 그 시절의 따스한 풍경이 선명하고 서울의 번화한 거리를 걸으며 느꼈던 설렘, 구두 가게 앞에서 건네받았던 고마움과 그리고 말없이 모든 것을 감싸주던 오빠와 언니의 사랑. 그 모든 것이 나를 지금의 나로 자라게 한 귀한 선물이었다. 그리고 이렇게 늦게라도 조용히 고백한다.

'오빠, 새언니…. 그때 참 고마웠습니다. 저는 너무 철없고 이기적이었지만, 두 분은 제게 가장 따뜻한 사랑을 보여주셨습니다. 그 덕분에 저는 세상을 따뜻한 눈으로 바라볼 수 있게 되었습니다.'

신촌의 검은 구두

서울 바람이 가슴을 흔들던 날,
나는 철없는 꿈을 신고
오빠의 집에 도착했다.

그 시간 속에 나는
혼자 걸은 신촌의 골목길
주머니엔 낯선 설렘이 들어차고
새언니는 말없이 내 발끝을 바라보았다.
그리고 조심스레
검은 구두 한 켤레를 맞추었다.
그 구두는 단지 구두가 아니었다.

꾹꾹 눌러 담아준
새언니의 조용한 사랑,
세월이 지나도 지워지지 않는 감촉
그날의 구두처럼

지금도 내 마음 한구석이

조용히, 그러나 깊게

반짝이고 있다.

설빔

설 명절이 다가오면 아버지는 늘 오토바이나 마을 앞을 지나가는 버스를 타고 오일장으로 가셨다. 차가운 겨울바람을 뚫고 오일장에 다녀오시는 길은 우리 형제들에게는 기다림의 시간이었다. 설 명절이 가까워 오면 아침에도 점심에도 오일장에 다녀오시는 아버지의 손에는 늘 묵직한 보따리가 들려 있었다. 부엌 광에는 어느새 과자와 사탕, 과일, 고기가 차곡차곡 쌓였고 나의 눈길은 늘 그 물건들 너머에 있었다. 설빔, 바로 새 옷이었다. 아버지가 풀어놓는 보따리 속에는 우리의 이름을 부르시며 새 옷을 주셨다.

"첫째는 이거, 둘째는 이거… 막내 건 여기 있지."

아버지와 엄마는 늘 빠짐없이, 기적처럼 우리 다섯 형제의 옷을 선물로 풀어놓았다. 옷을 받아 들고 나면 기대와 아쉬움이 함께했다. 내가 원했던 한복이나 코트가 아닌 때도 있었고, 원하던 색이 아닌 경우도 많았다. 더구나 옷은 늘 나보다 더 컸다.

"엄마, 옷이 왜 이렇게 커요?"

불만과 하소연 섞인 물음에 엄마는 말씀하셨다.

"오늘 하루만 입을 게 아니잖니. 내년까지 입으려면 커야지."

"내년 추석 때때옷 살 때는 딱 맞는 옷으로 사줄게."

"내년 추석 때때옷은 딱 맞는 예쁜 색동한복으로 사 주세요!"

"그래그래, 어서 입어야지."

그 말이 서운하면서도, 묘하게 기대하는 마음이 들었다. 아마 그 옷 속에는 부모님의 절약과 사랑이 고스란히 담겨 있었던 것일 터였다. 설 전날에는 집안 가득 참기름 들기름 냄새가 가득하였고 온 가족이 함박웃음으로 함께 분주한 기운이 흘렀다. 신발들도 가지런히 놓고 마루 깊은 곳까지 대청소를 마치고 나면 부엌에서는 만두 빚는 손길이 바빠졌다.

"만두는 나이만큼 먹는 거야."

아버지의 말씀에 우리는 웃음으로 화답했다. 작은 손으로 빚어낸 만두는 크기도 제각각이었지만, 가족이 함께 빚은 만두가 식탁 위에 오르면 그 어떤 음식보다 맛있게 먹었다. 설날 아침, 새 옷이나 한복을 입고 부모님과 친척 어르신들께 세배를 드리던 순간이 아직도 눈에 선하다.

두 손 모아 절을 올리고 공손하게 두 손 내밀어 세뱃돈을 받던 그 따뜻한 순간들과 함께 우리 집안에는 웃음과 사랑이 가득했다.

이웃집을 돌며 세배하면 사탕이나 과자를 봉지 가득 채워졌고, 집 안에서는 추위를 피해 윷놀이가 한창이었다.

아이들의 웃음소리와 어른들의 웃음이 어우러져 집 안은 그 어떤 난
로보다도 따뜻했다. 어쩌면 나는 음식이나 돈보다도 그 설빔에서 부모
님의 사랑을 가장 선명하게 느꼈다. 아버지의 오토바이 소리를 더는 들
을 수 없지만 여전히 내 삶을 지켜 주는 가장 따뜻한 빛깔의 기억들이
살아 있다.

설빔, 그 기억의 빛깔

오일장 한복판,
아버지 어머니의 손길은 바쁘고
5형제 하나하나 얼굴 떠올리며
"이 색이 가장 빛나겠구나, 우리 아이들 설빔으로"

"내 설날 옷이구나" 속삭임처럼,
소매는 아직 내 손목보다 길지만,
끝없는 사랑과 내일을 품은
약속이 흐른다.

설날 아침,
햇살보다 더 눈부신 새 옷을 입고,
부모님이 담아준 정성과 사랑을 두 손 가득 안으며
내 작은 발걸음은 사랑으로 세상을 밝히고,
우리 가족 모두의 마음도 함께 빛난다.

사계절의 서랍 같은 집

아궁이 장작불에서는 고구마와 감자가 익어가고 마루에 놓인 화롯불에서는 가래떡, 쑥떡이 석쇠 위에서 노랗게 때론 검게 탄 맛있는 냄새는 온 가족을 다 모이게 하는 마술을 부린다. 새벽 햇살이 지붕 위에 부서지고, 바람이 장독대를 스치던 순간, 우리 집은 세상의 어떤 집보다 많은 가족, 친척으로 북적이었다.

사람들은 집을 '머무는 공간'이라 말하지만, 이 집은 첫울음과 첫 웃음이 뿌리처럼 얽혀 있는 우리 가족의 보금자리였다.

엄마가 살고 계신 우리 집은 할머니께서 사셨고 아버지와 엄마가 사시면서 큰오빠가 태어나고, 둘째 오빠가 태어나고, 셋째 오빠가 태어나고, 내가 태어나고, 동생까지 이 집에서 태어났다.

우리 모두의 시작은 한결같이 이 집이었다.
지금도 여전히 이 집은 우리를 불러 모은다.

명절이 되면 차례를 지내고, 가족 행사를 함께하며 때로는 기쁨을 나누고 때로는 아픔을 위로하는 보금자리가 된다.

이 집은 오로지 머무는 공간이 아니라, 우리 가족의 역사와 정이 켜켜이 쌓인 터전이다. 우리는 태어나서 지금까지 단 한 번도 이사를 하지 않았다. 그래서 이 집은 할아버지와 할머니의 발자취, 아버지와 어머니의 청춘, 그리고 우리의 어린 시절까지 고스란히 품고 있다. 벽에는 시간이 새겨 놓은 흔적이 남아 있고, 마루에는 웃음과 눈물이 배어 있다. 집은 그저 집이 아니라, 우리 가족의 세월을 품은 살아 있는 기억이다. 주방에 들어서면 오래된 싱크대와 그릇, 냉장고가 여전히 반갑다. 그것들은 부모님이 손수 사용하시던 물건들이다.

뒤뜰에 나가면 장독대의 항아리가 줄지어 묵묵히 자리를 지키고 있다. 봄이 오면 달래와 돌나물이 돋아나고 여러 식물이 예전처럼 자라나지만, 아버지와 엄마의 손길만큼 곱고 정성스러운 손길은 더 이상 없다. 세월이 흐르면 각 방과 주방, 거실, 옥상, 창고에 남아 있는 아버지와 엄마의 흔적들이 하나, 둘 사라지리라. 그러나 사라지지 않는 것이 있다. 고요히 쌓여 온 수많은 추억, 그 추억 속에 깃든 부모님의 사랑이다. 그 사랑이 이 집을 지탱하는 뼈대이고, 우리를 이어주는 보이지 않는 끈이다. 이 집은 단순한 건물이 아니다.

이곳은 우리 삶의 뿌리이자, 기억의 그릇이며, 마음이 돌아와 쉴 수 있는 항구 같은 곳이며 이 집이 있기에 나의 어린 시절은 여전히 생생하다. 이 집이 있기에 우리는 언제나 가족으로 다시 만날 수 있고 거실 창 너머로 바라보이는 앞산도 예전 모습 그대로다. 세월의 풍파 속에서도 변함없이 서 있는 그 산은 마치 우리 가족의 이야기를 묵묵히 지켜보며, 함께 늙어 가는 듯하다.

집이 품어낸 시간과 사랑은 사라지지 않을 것이며 이 집이 우리 곁에 있는 이 순간이 너무나도 소중하다.

이 집이 있어 나는 내가 누구인지 잊지 않는다. 이 집이 있어 우리는 여전히 가족이다. 세월이 추억의 흔적을 지우고 장독대의 그림자를 거두어 갈지라도 이 집이 품은 사랑은 사라지지 않는다.

거실 창 너머 늘 묵묵히 서 있는 앞산처럼, 우리 집은 세월의 바람에도 꺾이지 않는 뿌리였습니다.

웃음과 눈물이 켜켜이 쌓인 방, 수많은 사계절을 서랍 속에 고이 접어 둔 추억들은 시간이 흘러도 빛을 잃지 않는다. 어디에 있든 어떻게 변하든 우리 집의 이름만 불러도 가슴이 저릿해지는 건 그곳이 여전히 나를 불러주는 영원한 품이기 때문입니다.

떠난 시간이 우리를 다시 부르는 집

큰오빠가 태어나고
둘째 오빠가 태어나고
셋째 오빠가 태어나고
내가 태어나고
그리고 막냇동생까지 태어난 곳,
그 집이 우리 집이다.

우리는 이 집에서 모여
제사를 지내고
기쁨을 나누고
슬픔을 감싸 안는다.
이 집은 단 한 번도 떠난 적 없는
우리의 뿌리다.

할아버지와 할머니의 숨결,
아버지와 어머니의 젊음,
그리고 우리의 웃음과 울음이

벽과 마루와 창에 스며 있다.
주방에 가면
부모님 손길이 닿았던 부엌
낡은 그릇과 냉장고가 반갑다.
뒤뜰 장독대 항아리도
아직 묵묵히 그 자리를 지킨다.
봄이 오면 달래와 돌나물이 돋고
풀들이 변함없이 자라나지만
아버지와 엄마의 손길처럼
곱게 가꾸는 이는 더는 없다.

세월이 흐르면
부모님의 흔적이 하나둘 사라지겠지.
그러나 지워지지 않는 것이 있다.
고요히 쌓인 추억,
그 속에 깃든 사랑이다.
거실 창 너머 앞산은
여전히 예전 모습 그대로
묵묵히 서 있다.
마치 우리 가족의 역사를

끝까지 지켜내는 듯하다.

이 집이 있어

나는 나의 어린 시절을 잊지 않는다.

이 집이 있어

우리는 여전히 가족이다.

제 5 화

그리고 다시, 봄

겨울을 건너온 나무에 초록이 피어나듯,
우리 마음에도 위로가 스며듭니다.
시간이 품어온 봄은 빛나는 성장의 조각들을 흩뿌리며,
희망의 길을 다시 열어 줍니다.

초록의 위로

2025년 7월 초록이 짙을 때 내 인생에서 잊을 수 없는 기회가 찾아왔다. 평생 책을 읽는 독자로 살아왔던 내가 이제는 직접 글을 쓸 수 있는 기회를 얻게 된 것이다. 그 순간은 내 생애 최고의 축복이라 해도 과언이 아니었다.

마치 어린 시절의 소풍날처럼 가슴이 뛰었고, 한동안 그 벅찬 기쁨 속에 머물며 행복을 누렸으나 처음 펜을 들어 글 쓰기에 도전하면서 두려움이 앞섰다.

'과연 내가 글을 잘 쓸 수 있을까?'

나는 늘 글을 쓰는 작가들을 특별한 존재라 생각해 왔다.

그들은 타고난 재능을 가진 이들이고, 나와는 다른 차원의 사람들이라고 여겼다. 『토지』를 읽을 때, 『태백산맥』을 읽을 때, 최근 한강 작가의 작품을 접할 때마다 느낀 그 압도적인 세계는 감히 범접할 수 없는 영역이었다. 그러나 펜을 들어 글을 한 편, 한 편씩 써 내려가자, 뜻밖의 세계가 내 앞에 열렸다.

나의 기록과 추억을 불러내어 문장으로 새기는 과정은 단순히 글짓기가 아니었다. 그것은 곧 나 자신을 만나고, 내 삶을 깊이 들여다보는 유의미한 여행이었다. 글을 쓰며 나는 나를 더 잘 알게 되었다. 글을 쓰는 동안 나의 추억들을 만나게 되었고 자기계발은 물론, 몰입은 단순히 나를 표현하는 것에서 나아가 미처 몰랐던 내 안의 감정, 삶, 모든 것을 발견하는 길이라는 것을 깨달았다. 나는 글을 쓰며 스쳐 지나갔던 일상의 사소한 순간들이, 기록될 때 비로소 영원한 빛을 갖는다는 것을 알게 되었다. 내가 글을 쓸 때마다 슬픔과 기쁨, 아픔과 사랑의 순간들이 모두 나의 이야기가 되었으며 또, 마음을 담아 한 줄 한 줄 써 내려가며, 글이 누군가에게는 위로로, 또 누군가에게는 공감으로 다가갈 수 있다는 사실을 깨달았다.

남의 글을 읽을 때는 깨닫지 못했는데, 나만의 문장 속에 숨어 있는 삶의 철학을 발견하는 기쁨이 한없이 컸다.

물론 나를 계발하는 시간이 단지 배움의 과정이 아니라, 스스로를 존중하는 행위라는 것이다.

몰입의 순간은 곧 마음의 평화가 되고, 사색의 기록은 나를 더 단단하게 만든다. 기록한다는 것은 잊지 않겠다는 약속이며, 동시에 미래의 나에게 건네는 가장 진실한 선물이다. 이렇듯 삶은 거창한 사건 속에만 있지 않다는 것이다.

오히려 작은 웃음, 소소한 기억, 작은 위로 속에 더 깊고 찬란하게 머문다는 것이다.

이제 내년이면 정년퇴직을 맞이한다. 교단에서 보낸 수많은 춘하추동 계절이 주마등처럼 스쳐 지나간다. 때로는 힘들었고, 때로는 고단했지만, 결국 아이들과 함께한 모든 날이 나를 성장시켰다.

그래서 어제도 오늘도 0.1%의 미련도, 후회도 남기지 않겠다는 다짐으로 하루하루를 충실히 살아내고 있다.

학교생활에도 최선을 다하고, 글쓰기에도 열정을 쏟으며 도전하는 마음을 지속 가능하게 하기 위하여 스스로에게 다짐도 하고 여러 사람에게 공언도 하고 내 자신에게 칭찬, 격려도 하면서 꾸준히 노력을 하고 있다. 내년 2월이면 교단을 떠나고, 3월이면 새로운 계절의 문 앞에 서게 될 것이다. 봄의 햇살이 들판을 비추고, 아지랑이가 논두렁 위로 피어오르는 그때, 나는 초록빛 자연이 건네는 위로를 오롯이 느낄 수 있으리라 기대하여 본다.

그것은 단순한 휴식이 아니라, 나 자신에게 주어진 새로운 삶의 시작일 것이다. 삶은 여전히 나를 향해 열려 있다.

그리고 나는 글쓰기라는 소중한 길 위에서 오늘도 작은 발걸음을 내딛고 있다. 나는 다짐한다. 정년퇴직 이후, 새로운 계절 초록 앞에 설 때

후회 없이 말할 수 있기를―

"이제는 글로써 또 다른 나를 살아가겠습니다."

초록의 계절이 내게 주는 위로는 수수한 자연의 선물이 아니다. 그것은 나를 향한 다정하고 부드러운 격려이자, 내가 다시 써 내려갈 삶의 원고지 첫 장이다. 삶은 여전히 나를 향해 도전의 길이 열려 있고, 글쓰기는 그 길 위에 놓인 또 하나의 선물 같은 길이다. 나는 초록빛 자연의 응원을 받으며, 더 깊고 더 아름다운 글을 쓰는 사람이 되리라. 공언하여 본다.

정년의 봄

이제 긴 여정을 내려놓고
새로운 설렘이 움튼다.
또 다른 길의 시작,
내게 주어진 두 번째 삶은
글로써 다시 살아가는 시간.
펜을 들고 아이들 대신 나를 가르치며
묻어둔 추억을 불러내어 문장마다 새봄을 심으리.
초록은 내게 말하리라—

"이제는 당신의 시간,
당신의 글이 꽃처럼 피어날 시간."
나는 다짐한다.
후회 없이, 미련 없이,
더 깊은 성찰과 더 뜨거운 열정으로
내 남은 날들을 기록하리라.

정년 이후에도 나는 여전히 배우는 사람,

여전히 쓰는 사람,

그리고 마침내,

내 삶을 글로 완성하는 사람.

시간을 품고 온 봄

봄바람이 찾아오니 언 땅을 비집고 새싹이 돋아날 때마다 나는 시간의 기적을 느낀다. 메마른 대지 속에서도 삶은 길을 찾아 고개를 내밀고, 봄은 언제나 그렇게 우리 곁으로 돌아왔다.

어린 시절, 나는 추위가 싫어서 봄을 간절히 기다리던 아이였다. 그러나 어느 해 겨울 끝자락, 심한 감기몸살에 시달리며 힘겹게 누워 있었다. 부모님은 한겨울도 아닌 데 왜 이리 심하게 앓느냐며 따뜻한 물을 권하시고 방 안 공기를 따뜻하게 하기 위하여 화롯불까지 들여놓으셨다. 따뜻한 화롯불 옆에서 긴 잠에 취한 나는 아무리 깨워도 일어나지 않으며 축 처진 모습에서 화롯불 가스에 중독된 것을 알게 되었다고 한다. 어스름한 저녁 무렵, 의식을 잃고 넓은 마루에 눕혀진 나를 이웃분들이 둘러싸고 앉아 있었다. 눈을 뜨기가 민망할 만큼 많은 사람들이 내 곁에 있었고, 동치미 국물이 자꾸 내 입으로 흘러들어왔다. 이미 젖어버린 옷, 숨결을 붙잡으려 애쓰는 어른들의 손길…. 그날 이후, 우

리 집에는 다시는 화롯불을 방 안에 들이지 않았다. 그 일을 계기로 동네 어르신들께서는 늘 나에게

"죽을 뻔했지!"

"죽다 살아난 아이"로 불렸다. 길을 지날 때마다 어른들은 내 어깨를 두드리며 말씀하셨다.

"건강하게 커라."

"밥 잘 먹어라."

"죽다 살았으니 아주 오래 건강하게 살 거야."

그 말들은 단순한 덕담이 아니었다. 내 삶을 붙잡아 준 축복의 언어였다. 많은 시간이 흘러 이제 나는 학교에 근무하게 되었다.

교단의 끝자락에 서서, 전 교직원과 함께 교육의 길을 걸으며, 또 경기도 교육청의 학교장 경영자 과정 직무연수, 미래 과학교육원의 실행 중심 AI · 디지털 연수, 2025 초등 교장 자격연수의 강의에서 사람들을 많이 만나고 있다. 그 자리에서 나는 어린 시절 들었던 말들을 다시금 전한다.

"잘하고 계십니다."

"잘 드셔야 합니다."

"무엇보다 건강해야 합니다."

"웃어야 웃을 일이 생깁니다." 좋은 말들이 내 안에서 울림이 되어 흘러나올 때마다, 나는 깨닫는다. 내가 가족과 이웃으로부터 지지와 격려,

위로로 받은 말들이야말로 가장 위대한 유산이었다는 사실이다. 겨울의 끝자락을 지나 다시 돌아온 봄처럼, 삶은 언제나 이어지고, 배움은 세대를 넘어 흐른다. 어린 시절의 나는 어른들의 손길에 의해 살아났고, 어제의 나는 그 손길을 다음 세대에게 건네고 있다. 봄은 늘 설렘의 시간을 품고 온다. 그리고 그 봄의 품속에서 나는 오늘도 새로운 희망을 배우고, 누군가의 삶에 작은 위안, 위로와 토닥토닥 작은 힘이 되기를 꿈꾼다.

바람이 데려온 봄

겨울 끝자락,
얼어붙은 땅을 비집고
작은 새싹이 고개를 든다.
그 순간, 나는 알았다.

시간은 언제나 기적을 품고 온다는 것을.
어린 시절, 화롯불 연기 속에서
숨결을 잃어가던 나를
부모님의 손길과
이웃의 동치미 국물이
다시 삶으로 불러냈다.

"건강하게 커라."
"밥 잘 먹어라."
그 따뜻한 말들이
내 가슴 깊이 심겨
오늘까지 살아 있는 힘이 되었다.

이제 나는 교단에 서서

그 말들을 다시 건넨다.

"괜찮습니다."

"잘 드셔야 합니다."

"무엇보다 건강해야 합니다."

겨울이 가면 봄이 오듯,

삶은 끝이 아니라 이어짐이고

말 한마디는 누군가의 미래를 살린다.

봄은 늘 시간을 품고 온다.

그리고 나는

그 봄의 품속에서

오늘도 희망을 배우고,

누군가의 삶에 작은 빛이 되기를 꿈꾼다.

빛나는 성장의 조각들

산을 좋아하는 지인 덕분에 지리산 종주를 하게 되었다. 수원역에서 출발해 구례구역에 도착했고, 역 입구에서 인증 사진을 찍은 뒤 구례 시내의 작은 식당에서 저녁 식사를 마쳤다. 민박집으로 걸어가는데 배낭의 무게가 너무 무거워 걸음걸음 후회와 의구심이 따라왔다.

"내가 과연 지리산 종주를 해낼 수 있을까?"

포기의 마음이 오락가락했다. 내일부터 시작될 지리산 종주를 끝까지 완주할 수 있을까, 수십 번을 자신에게 질문하며 민박집에 도착했다. 일찍 잠자리에 들었고, 이른 새벽에 일찍 일어났다.

아침밥을 넣자, 배낭은 더욱 무거워졌다.

"조금이라도 가벼워지겠지!"

하는 마음으로 카레, 불맛 짜장 등을 휴지통에 버렸다. 캄캄한 민박집

입구에서 택시를 타고 성삼재에 내려, 한 발 한 발 걸음을 옮겼다. 앞도 뒤도 온통 어두움뿐, 스틱 소리와 발소리만이 고요 속에 속삭이는 듯했다. 끝이 보이지 않는 어둠 속을 걷다 보니 무거운 배낭에 몸이 뒤로 넘어갈 듯 위태로웠다. 한참을 가다 힘들어하는 나에게 누군가 말했다.

"배낭 앞부분을 다시 조여 매 밀착시키면 훨씬 가벼울 거예요!"

배낭끈을 단단히 조이자 놀랍게도 한결 가벼워졌다.

"와, 이렇게 좋을 수가!"

이번 산행은 성삼재에서 출발해 노고단을 지나 연하천, 장터목을 거쳐 천왕봉에 오르는 코스로 정해졌다. 힘을 내어 걷다 보니 노고단에 도착했고 그곳에서 바라본 구름과 산의 진풍경은 실로 장관이었다. 간단히 아침 식사를 하고 연하천 대피소로 향했다. 길을 가며 마주친 사람들이

"힘내세요!"

"멋지십니다!"

"저도 도전할 겁니다!"라고 응원해 주었다.

그 순간, 내가 지리산을 오르는 건지 히말라야를 오르는 건지 착각할 정도로 기분이 날아갈 듯 가벼워졌다. 나는 조용히, 그러나 단단히 마음을 다잡았다.

"2박 3일 동안 몸 관리를 잘해서 지리산 1,915m 천왕봉 정상에 꼭 오르리라."

끊임없이 걷다 보면 하루 10~12시간이면 반드시 천왕봉에 닿으리라

는 믿음을 품고 걸었고 성삼재에서 새벽에 출발하여 해 지기 전 연하천에 도착했다. 해발 1,480m의 연하천은 숲속을 누비며 흐르는 물줄기가 마치 구름 속에서 흐르는 듯해 붙여진 이름이라고 한다. 산장 앞마당의 샘은 한여름의 더위를 단숨에 잊게 할 만큼 시원하고 청량했다.

"이렇게 물이 맛있을 수가 있을까?"

감탄이 절로 나왔다.

연하천 산장에는 시인 이원규의 시 「행여 지리산에 오시려거든」 일부가 걸려있었다.

〈그러나 굳이 지리산에 오고 싶다면 언제 어느 곳이든 아무렇게 나오시라 그대는 나날이 변덕스럽지만 지리산은 변하면서도 언제나 첫 마음이니 행여 견딜 만하다면 제발 오지 마시라.〉

저녁 식사는 간편식으로 해결했다. 손수건으로 땀만 닦고, 해가 지자마자 좁은 2층 대피소 잠자리에 들었다.

옆 사람 얼굴이 너무 가까워 고개를 돌려도 별반 다르지 않았다. 손수건을 얼굴에 덮고 잠을 청했으나 코 고는 사람, 문 여닫는 소리 등의 걱정과 달리 새벽 알람이 울릴 때까지 푹 잘 수 있었다.

새벽 3시 20분, 새벽 등반 준비를 마치고 다시 별빛과 달빛 아래 길을 걸었다. 차갑고 맑은 공기, 하늘을 가득 채운 별빛, 달빛이 내 걸음을 따라오는 듯했다. 모두가 나를 지지하고 격려해 주는 것 같아 힘이 솟았다. 장터목으로 향하는 길은 어제보다 험했다.

그러나 한 발 한 발 내디디며 결국 삼도봉에 도착했다.

해발 1,500m의 삼도봉은 전북, 전남, 경남 세 도의 경계에 자리한 봉우리다. 정상의 바위 모양이 낫 날 같아 '낫날봉'이라 불리던 곳이었고, 이후 '날라리봉', '닐리리봉'으로 변형되었다가 1998년부터 삼도봉이라는 이름으로 불리기 시작했다.

이곳은 반야봉, 천왕봉, 연하봉, 촛대봉, 남쪽 능선을 두루 조망할 수 있는 명소이다. 삼도봉에서 인증 사진을 찍고 점심을 먹은 뒤 장터목을 향해 걸었다. 길은 굽이굽이 이어지고 봉우리들은 끝없이 기다리고 있었다.

다리가 무거워질 때마다 작은 꽃들과 녹음이 짙게 드리운 나무들이 조용히 나를 응원했다. 곳곳에서 들려오는 물소리와 숲의 바람은 피로를 씻어주었다. 장터목에 다다르자 붉은 노을이 온 천지를 물들이고 있어 하늘과 산, 땅이 모두 연분홍으로 타올랐다.

'이토록 아름다운 광경을 보다니….' 감격스러웠다.

저녁 식사를 서둘러 먹고, 노을을 마음껏 눈에 담은 뒤 내일 천왕봉을 위해 일찍 잠자리에 들었다. 새벽 3시 10분, 배낭을 메고 헤드랜턴 불빛을 따라 천왕봉으로 향했다.

이미 앞서간 등산객들의 불빛이 줄지어 이어져 장관을 이루었다. 어둠 속에 보이지 않는 산들은 마치 모든 것을 품어 안고 있었다. 바람은 위로가 되었고, 멀리 반짝이는 불빛들은 천상의 길처럼 천왕봉으로 이

끌었다. 정상으로 향하는 길은 거칠고 험했다.

바위와 돌을 기어오르고, 줄에 의지해 오르기를 반복했다.

"이제 끝인가?" 할 때마다 또 다른 봉우리가 나타났다.

그러나 마침내, 하늘이 밝아오며 천왕봉이 눈앞에 다가왔다. 해발 1,915m, 지리산의 최고봉. 정상에 오르자 "만세, 만세, 만세"를 부르고, 수십 장의 인증 사진을 남겼다.

'한국인의 기상, 여기서 발원된다.'라는 글이 내 안에 깊은 여운을 남겼다. 태양이 떠오르자 벅찬 환희가 밀려왔다. 나는 햇살과 기운을 온몸으로 받아 안으며 오래도록 정상에 머물렀다. 천왕봉에서 조심조심 하산하면서 장터목을 지나 백무동으로 내려오는 길은 오를 때보다 배낭도 발걸음도 마음도 훨씬 가벼웠다.

그러나 함양 버스터미널 아스팔트 위를 걸을 때는 금세 뜨거운 열기에 얼굴이 붉어졌다. 산에서는 그렇게 시원했는데 도시의 열기에 숨이 막혔다.

2023년 7월 31일부터 8월 3일까지, 구례와 지리산 속에서 보낸 시간은 내게 큰 행운이었다. 자연의 품에서 시원한 바람과 물소리를 느끼며 걷는 동안, 나는 살아 있음을 온전히 경험했다.

나는 자연 결핍증이 있다. 햇빛 부족으로 비타민 D 주사를 맞고, 운동 부족으로 몸에 여러 증상이 나타나기도 한다. 그래서 앞으로는 더 많은 시간을 자연 속에서 지내고 싶다. 지리산 종주는 내게 큰 도전이었으며 소중하고 대단한 기억이 되었다. 수많은 이들로부터 칭찬과 격려를 받았던 순간, 스스로 해냈다는 성취감, 그리고 지금도 이어지는 뿌듯함과 자연의 풍요로움을 눈에 담고 마음으로 만끽하였다. 그 기억 덕분에 나는 오늘도 즐겁게 살아가고 있다.

지리산 정상

어둠을 헤치고 성삼재에서 걷기 시작할 때
내 어깨는 무거운 배낭에 짓눌렸지만
내 마음은 설렘과 두려움으로 가득 차 있었다.

누군가의 한마디,
"끈을 단단히 조여 매 보세요."
그 따뜻한 손길이 내 삶의 짐마저
가볍게 묶어 주는 듯했다.
노고단에서 맞은 첫 빛은
세상 가장 맑은 새벽이었고,
스쳐 지나간 사람들의 "아자!"는
천둥 같은 응원이 되어 내 가슴을 울렸다.

연하천의 맑은 물 한 모금은
한여름의 뜨거움을 단숨에 씻어내렸고,
산장 벽에 걸린 시 한 구절은
"지리산은 언제나 첫 마음"이라 속삭였다.

장터목 붉은 노을은

온 세상을 연분홍으로 물들이며

나를 하나의 작은 빛으로 삼켰다.

그 순간, 나는 산의 품에 안긴 아이였다.

새벽, 줄지어 흐르는 헤드랜턴 불빛들—

그것은 천생의 길

별과 달이 인도하는 하늘의 강이었다.

마침내 천왕봉

해발 1,915m의 정상에서

찬란한 태양을 온몸에 끌어안았다.

벅찬 환희 속에서 외쳤다.

"나는 해냈다.

한국인의 기상은 여기서 다시 태어난다."

지리산은 내게 말했다.

변하면서도 변하지 않는 것이 바로 삶이라고,

포기하지 않고 걸어온 모든 걸음이

곧 나의 노래라고.

나는 안다.

이 길의 기억은 사라지지 않으리라.

지리산은 여전히 내 안에서 흐르고,

내 삶을 밝혀 줄 첫 마음으로 남으리라.

희망의 길을 열어 간다

시공간을 넘어, 마음을 잇는 교육의 길 국제 교류 협력 학습으로 운영
으로 2025년 7월 29일부터 8월 6일까지 7박 9일간의 프로그램을 계획
하여 형제의 나라 튀르키예를 탐방하게 되었다.

"시공간을 넘어 배움을 확장하는 교육"을 실현하기 위한 국제 교육 협
력 교육활동의 여정이었다. 첫 일정은 부르사 교육청 방문으로 각 나라
가 직면한 공통 과제인 학생 수 감소 문제, 그리고 인공지능과 디지털
기반 학습에 대한 다양한 논의가 이어졌다.

학생, 교사, 교장, 교육장까지 함께 머리를 맞대어 교육의 현재와 미
래를 진지하게 고민하고 대안을 주고받으며 발전적인 이야기를 나눈 시
간이었다. 협의 후에는 협약서에 서명하고 서류와 선물을 교환하며 친
절하고 따뜻한 우정을 확인했다.

특히 부르사의 아레나 학교 방문에서 잊지 못할 순간들은 아레나 학
교 교문에 들어서자, 우리 학교 교가가 큰 울림으로 퍼져 나왔고, 준비

된 음료와 다과는 방문객들을 향한 극진한 환영의 마음을 느끼게 했다. 학생들 모두는 아레나 학교 교육프로그램에 참여하며 하루를 보내고, 이어진 2박 3일간의 홈스테이를 통해 현지의 생활과 문화를 직접 경험했다. 아레나 학교 교직원과 학부모들이 함께 준비한 마지막 날의 가정식 점심은 따뜻한 정성으로 가득했으며, 국제 교류 협력 교육은 단순한 체험을 넘어 진정한 마음의 나눔임을 깨닫게 했다.

또한 부르사 울루다으 대학교에서 진행된 협의회는 깊은 인상을 남겼다. 튀르키예 문학을 전공한 교수님의 강의를 들으며 한국 문화와 비교하는 대화를 나누었다.

문학을 통해 서로의 문화를 이해하고 확장하는 시간은 교육의 본질이 결국 사람과 사람을 잇는 데 있음을 다시 확인시켜 주었다.

이번 방문에서 가장 가슴 벅차고 마음을 울린 순간은 한국전쟁 참전용사협회를 찾았을 때였다. 건강하지 않으신 어르신들께서 직접 한국전쟁 당시의 기억을 이야기로 들려주었다. 멀리 낯선 땅에서, 한국의 자유와 민주주의를 지키기 위해 청춘을 바쳤던 그들의 이야기는 학생들과 교사들의 가슴을 뜨겁게 했다. 학생들이 낭독한 감사 편지에 어르신들은 눈시울을 붉히며 여러 번 "고맙다."라는 말을 반복하였다.

방송에서 보았던 튀르키예 병사와 한국전쟁 고아에 대한 영화 '아일라'의 이야기도 다시금 떠올랐다.

한국전쟁의 고아였던 한국 소녀와 그녀를 보살핀 튀르키예 병사, 그리고 반세기를 넘어 다시 만난 그들의 감동적 재회는 한국·튀르키예 간 형제애의 상징이었다. 우리는 그 이야기를 되새기며, 이번 국제 교류 협력 학습이 단순한 탐방 차원을 넘어 깊은 인류애와 감사의 정신을 배우는 시간이었음을 실감했다.

짧지 않은 일정 속에서 학생과 교사, 교장 모두는 걸어 다니는 외교관이 되어서 한 사람 한 사람의 품격과 따뜻함으로 국경을 넘어 마음을 나누었다. 교육은 책상 위에서만 이루어지는 것이 아니라, 서로의 삶과 문화를 나누며 확장될 때 비로소 빛을 발한다는 사실을 이 여정을 통해 확인했다. 튀르키예에서의 9일은 단순한 국제 교류의 시간이 아니라, 백문이 불여일견이라는 교육의 본질을 다시 묻고 나아가 '형제의 나라'라는 말이 얼마나 깊은 무게와 진실을 담고 있는지 깨닫는 여정이었다. 이 귀한 경험은 학생들의 마음에 평생의 자산으로 남아, 앞으로의 삶과 학업 속에서 희망과 용기의 등불이 되어 줄 것이다.

국제 교류 협력학습이 주는 의미로서 학생들에게 좋은 점은 새로운 문화와 생활을 직접 경험하며 세계 시민으로서의 안목을 기를 수 있었다. 역사와 전쟁, 우정을 몸소 배우며 감사와 존중의 마음을 깊이 새겼다. 교류 과정에서 자신을 '작은 외교관'이라 여기며 자긍심과 책임감을 배웠다.

교사들에게 좋은 점은 국제적 교육 현안과 AI·디지털 학습에 대한 다양한 시각을 공유하며 전문성을 확장할 수 있었다.

교육 협력 속에서 서로의 교육 방법을 비교·성찰하며 미래 교육의 방향을 모색할 수 있었다. 학생들을 인솔하며 함께 배우고 성장하는 과정에서, 교사로서의 보람과 새로운 교육적 사명을 확인했다.

국제 교류 협력 세계 시민 의식을 넓히는 기회가 되었고 학교와 교사가 아이들을 세심하게 돌보는 모습을 보며 신뢰와 안도감을 얻고, 교육 공동체에 대한 소속감을 더 깊이 느낄 수 있었다.

오늘의 걸음, 내일의 희망

국경을 넘어
우리는 만났다,
튀르키예 형제의 나라에서
마음을 잇는 국제 교류 협력으로

새로운 문화 속에
작은 외교관이 된 학생들
함께 성장하며
교육의 미래를 그린 교사들
한국전쟁의 기억을 품은 어르신들의 눈물은
우리 가슴에 깊이 새겨졌다.

짧은 여정
그러나 영원히 남을 시간
교육은 책상에서가 아니라
사람과 사람을 잇는 다리임을 알았다.
오늘의 발걸음이

내일의 희망이 되어
세상을 밝히리.

계절의 문을 닫으며

당신의 마음속에는 지금 어떤 계절이 머물고 있습니까?

봄날 쑥 향기에 스민 어머니의 손길, 여름 햇살 아래 복숭앗빛 미소로 다가오던 아버지. 이 모든 기억은 화려하지 않지만, 우리의 삶을 붙들어 준 단단한 기둥이다.

엄마의 "괜찮다"는 위로, 설빔에 담긴 설렘은 오늘도 여전히 우리를 살아가게 한다. 그것들은 어제와 내일을 잇는 다리가 되어, 시간이 흘러도 사라지지 않고 오히려 선명해진다. 추억은 끝난 것이 아니라, 지금도 우리 곁에서 숨 쉬며 다시 웃게 하고, 다시 울게 하며, 다시 길을 걸어가게 한다.

계절은 약속처럼 되돌아온다. 그리고 열릴 봄의 문 앞에서 우리는 언제나 새로운 희망을 만난다. 쓰러져도 일어나게 하고, 그리움 속에서도 웃음을 찾게 하는 힘은 지나온 계절이 남겨 준 가장 깊은 선물이다. 이제 계절의 문을 닫는다. 그러나 이 닫힘은 또 다른 시작이다. 사라진 것이 아니라 여전히 우리 안에서 살아 있는 모든 이름에게, 우리는 사랑과 감사로 조용히 속삭인다.

"당신들이 있었기에, 내가 지금 여기에 있습니다."

계절의 문이 닫히는 순간, 우리의 가슴속에는 이미 또 다른 봄이 피어나고 있다.